群島と大学

冷戦ガラパゴスを超えて

群島と大学

冷戦ガラパゴスを超えて

石原俊

ISHIHARA SHUN

editorialrepublica
共和国

群島と大学　冷戦ガラパゴスを超えて

目次

第三部 大学という現場──グローバリズムと国家主義の攻囲のなかで

一、大学の自治の何を守るのか

はじめに

筆者はこれまで、主にふたつの領域で文章を書いてきました。

ひとつめは、歴史社会学と呼ばれる筆者の専門分野の研究です。その狭い意味でのフィールドは、北西太平洋に浮かぶ小さな島々である小笠原群島や硫黄列島と、そこから離散した人びとが住む場所です。東京都心から約一〇〇〇キロメートル南方の北西太平洋に浮かぶ小笠原群島（Bonin Islands）と、そのさらに南方約二五〇キロメートルに浮かぶ硫黄列島（火山列島／Volcano Islands）は、現在はどちらも日本国東京都に属していますが、本書第二部でも言及するように、単なる日本の辺境といった観点からは決定的に見落とされてしまう、とてつもなく大きな世界史的背景をもっています。

筆者は二〇〇七年に『近代日本と小笠原諸島——移動民の島々と帝国』（平凡社）、そして二〇一三年に『〈群島〉の歴史社会学——小笠原諸島・硫黄島、日本・アメリカ、そして太平洋世界』(弘文堂)を上梓しました。これらの本では、小笠原群島や硫黄列島の島民たちが、世界市場・主権国家・国民国家といった近代的な秩序に巻き込まれながら、あるいは帝国・総力戦体制・冷戦体制に翻弄されながら、生きのびるために、そして自分たちの自由や自治の領域を少しでも確保するために、どのような格闘を重ねてきたのかを詳述しました。やや一般化していうならば、グローバリゼーションと植民地主義の前線・底辺に置かれてきた群島の側から、あるいは海洋世界を拠点に生きる移動民《ノマド》の眼から、環/間太平洋世界(Trans-Pacific World)の二〇〇年の近代を捉え直し、また日本や米国のあり方を裏側から問い直す作業です。

小笠原群島と硫黄列島は、沖縄諸島などとともに、日本帝国がその崩壊直前の最終局面で激烈な軍事利用をおこない、さらに日本が冷戦秩序のなかで復興していく過程で米軍の軍事利用に差し出した島々です。冷戦体制のもと、環/間太平洋世界が〈アメリカの湖〉として軍事化されていくなかで、日本本土社会が一定程度の脱軍事化と民需主導型の高度経済成長を許されてきたのは、日本国家がこれらの島々を本土から切り離し、核ネットワークの拠点としての〈アメリカの湖〉に投げ出したことと表裏一体であったことは、疑うべくもない事実です。しかし、高度経済成長以後の日本の主流社会は、核秘密基地化のために長らく難民状態を強いられてきた小笠原群島や硫黄列島の島民のことを忘れてきました。特に硫黄列島は、現在にいたるまで七十年以上、日米の軍事利用のために島民が帰還できない状況に置かれています。

筆者が取り組んできたもうひとつの領域は、日本社会の歴史的現在を、ポストコロニアル状況やポスト冷戦状況といった裏側の視点から捉えようとする同時代分析です。こちらの作業の過程では、二〇一〇年に『殺すこと／殺されることへの感度――二〇〇九年からみる日本社会のゆくえ』(東信堂)を刊行しました。この本は、二〇〇九年に一年間担当した『週刊読書人』の「論潮」(論壇時評)の連載が元になっています。

この二〇〇九年の直前数年間は、在日外国人へのヘイトスピーチをまき散らし、朝鮮学校やコリアン居住地域への襲撃(ヘイトクライム)をおこなうレイシスト集団が、都市の街路で公然と組織化され始めていました。冷戦体制のもと、環／間太平洋世界に核ネットワークの前線を押しつけ、軍事的前線を朝鮮半島や台湾海峡に押しつけることに成功し、敗戦後長らく植民地支配や戦時動員の被害者の声に正面から向き合わずに済んできた日本の主流社会は、米ソ冷戦終結後にようやく声をあげることを許された被害者たちからのうったえに直面していました。二〇〇〇年代に高まった歴史認識にかかわるバックラッシュと「嫌朝」「嫌韓」「嫌中」意識を背景に登場したレイシスト集団の直接行動は、このような個別的な声に対する激しい否認の、そして二十世紀の百年間続いた東アジアにおける日本の特権的な経済的地位が失われた事実に対する否認の、病理的な表現でもありました。

また、同じ二〇〇〇年代末の時期は、労働法制の急激な規制緩和による雇用の劣化など、グローバリズムのもとで進められた「構造改革」の結果が可視化された局面でした。二〇〇〇年代半ばには日本はすでに「格差社会」であるという認識が定着していましたが、二〇〇〇年代末になると、世界金融危機の影響で多数の外国人労働者を含む非正規雇用労働者が解雇されホームレス化し、高度経済成長以後の日本の主流社会が忘れていた「貧困」という言葉が再浮上しました。「構造改革」の一環としての緊縮政策によって大きく歳入を減らされた農山漁村・離島のなかには、衣食住や医療・福祉・教育にかかわるベーシックなインフラの維持さえ困難な地域が続出していました。高度経済成長期以後の日本が開発主義的な政策によって場当たり的に抑制しようとしてきた、大都市圏と農山漁村・離島との「格差」は、もはや糊塗しがたいレヴェルに達していました。

そして二〇一一年三月に起きた東北地方太平洋岸の大地震・大津波による大量死と、これに続く東京電力福島第一原子力発電所のメルトダウンによる大量難民化は、こうした「格差」を白日のもとにさらしました。冷戦体制下の日本が原子力発電を導入したのは核武装能力を保持するためであったことはいまや明らかですが、そうした核＝原子力政策は、高度経済成長期に所得の伸び悩みと人口流出に苦しむ海村地域に、補助金と引き換えに公害リスクが非常に高い原発を押しつけることによって維持されてきました。福島第一原発立地点の双葉町と大熊町、隣接する浪江町を中心とする「帰還困難区域」、そして長期難民化を強いられている人びとの存在は、高度経済成長期以後の日本社会が忘れようとしてきた、大都市圏と農山漁村・離島との植民地主義的ともいいうる関係を象徴的に示しているといわざるをえません。

日本社会の歪みがますます露わになるなか、筆者が当事者として身を置く大学の現場も、「改革」の名のもとにグローバリズムと緊縮政策の標的となり、雇用形態・労働環境の劣化が深刻になりました。また競争的補助金と引き換えに、教育・研究を政府の政策目標や財界の利害に従属させようとする恫喝も強まります。二〇一〇年代半ばになると、政官財界が文科系部門や地方大学を中心に、大学の部局さらには大学そのもののリストラに向けて、堂々と圧力をかけ始めました。また同じ時期、在日コリアンの教員や日本の戦争責任にかかわる教育や研究にたずさわる教員を標的として、民間の極右・レイシスト勢力から大学への組織的な攻撃が相次ぐようになりました。全体主義への歴史的反省から、冷戦期には学問の自由と大学の自治の法慣行のもとで「守られてきた」日本の大学も、いまや満身創痍になっています。筆者は同時代分析の仕事を、自らが身を置く大学という場に集中させる必要を感じ、足元での取り組みにいくらかの労力と時間を注いできました。


本書は、これらふたつの領域にまたがる仕事のうち、前述の三つの本に収録されなかった文章のなかから大小約二〇本をセレクトし、大幅に加筆修正・再構成したものです。

第一部「同時代史という現場——歴史の岐路としての現代日本」は、ソヴィエト連邦が崩壊した一九九一年から四半世紀間の日本社会を対象とした、社会史的・思想史的レヴューです。帝国期の植民地支配、アジア太平洋戦争期の動員や暴力、冷戦期の特権的地位、そしてソ連崩壊後のグローバリズムや国家主義をめぐって、ポスト冷戦期の日本社会がどのような歴史的・思想的課題を突きつけられ、それにどのように取り組み、あるいはそれをいかに否認してきたのかを、大学という教育・研究・言論の現場に身を置き続けてきた眼から考えていきます。

第二部「群島という現場──帝国・総力戦・冷戦の底辺から」は、小笠原群島・硫黄列島を対象とした歴史社会学の論文・エッセイから構成されています。日本本土防衛の〈捨て石〉として強制移住あるいは軍務動員を強いられ、さらに日本本土復興の〈捨て石〉として故郷を事実上の〈帰還困難区域〉とされてきた、北西太平洋の島民の経験から、日本の総力戦体制や冷戦体制を問い直していきます。

第三部「大学という現場──グローバリズムと国家主義の攻囲のなかで」は、この国の大学という場に関する論文・エッセイから構成されています。グローバリズムと緊縮主義、国家主義とレイシズムの隆盛のなかで、政官財界と民間極右勢力から、大学の教育・研究があらゆる圧力や攻撃を受けている現在、学問の自由と大学の自治をどのように守り発展させていくことができるのかを──その歴史的蹉跌をふまえながら──考えていきます。

第四部「書物という現場──歴史の岐路を読み解くために」は、同時代に刊行された書物に寄せた書評群から構成されています。対象とした書物は、社会学、歴史学、政治学、社会思想、民俗学など多様ですが、いずれの書評においても、二十一世紀に入ってますます偏狭さを増してきた「日本」をめぐる通念を相対化し、別の歴史と社会のありかたへの想像力を得ようとしました。

第一部に収録した拙稿については、初出記事の原型をとどめぬほど大幅な加除修正を施しています。また、第二部から第四部に収録した拙稿については、明らかな事実関係の誤りを訂正したほか、初出後の社会状況や研究状況の変化をふまえてかなりの加筆修正をおこなっています。

初出時に編者または編集者としてお世話になった、青土社『現代思想』の押川淳さん、『シノドス』の山本菜々子さん、『社会文学』編集委員長の佐藤泉さん（青山学院大学）、立命館大学生存学研究センター（大学院先端総合学術研究科）の角崎洋平さんと松田有紀子さん、『図書新聞』の須藤巧さん、『読書人』の武秀樹さん、明石健五さん、宮野正浩さん、そして『フォーラム現代社会学』編集委員の好井裕明さん（日本大学）に、おれい申し上げます（本書における所属・肩書はすべて初出刊行当時のものです）。

そしてなにより、本書を世に出してくださる下平尾直さんに、心からの感謝を。

二〇一四年に設立され、たちまちこの国の「ひとり出版社」の台風の眼となった、共和国という挑戦的で魅力的な版元から本書を刊行できることは、筆者の誇りです。

なお本書は、明治学院大学学術振興基金補助金の助成を受けています。

二〇一六年九月に四十九歳で惜しくも早逝された道場親信さんに、本書をささげます。

二〇一七年二月　東京・品川にて

石原 俊

第一部

I

同時代史という現場

歴史の岐路としての現代日本

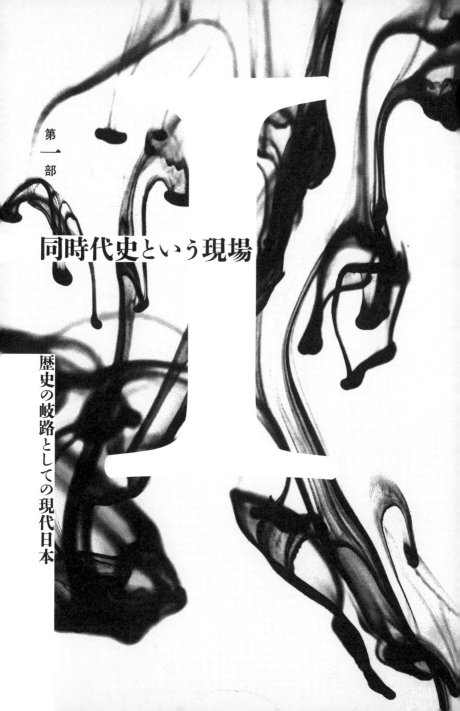

一九九〇年代のインパクト
――帝国・総力戦・冷戦の再審

筆者が大学生になったのは、一九九三年のことでした。ソ連邦が崩壊して間もないこの時期、ヨーロッパではEUの拡大に伴うグローバリズムが――リベラリズムの伸長とユーゴスラヴィアなどでの凄惨な内戦の両者を伴いながら――始動していました。いっぽうで日本を含む東アジアは、朝鮮半島の分断状況が一向に解決せず、台湾海峡の緊張も持続するなど、依然として〈継続する冷戦状態〉に置かれていました。

それでも、狭義の冷戦下で米日が支援する軍事独裁政権が半世紀近く続いていた韓国や台湾において、高度経済成長がほぼ達成され政治的民主化も進展するなど、一九八〇年代に始まる東西対立の収束は、東アジア世界にも重要な変化をもたらしていました。このような東アジアの政治経済的変動は、日本の国家と社会にも少なからぬ影響を及ぼすことになります。

なかでも象徴的な事件は一九九一年、日本軍「慰安婦」にされた経験をもつ韓国人女性・金学順氏が、初めて実名で名乗り出て日本政府を提訴し、謝罪を求めたことでした。それまで日本は、西側・東側をとわず独裁政権が林立していた東アジアのなかで、特権的な政治経済的地位を許されていました。しかし一九九〇年代に入ると日本の主流社会は、それまでまともに向き合ってこなかった帝国期の植民地支配の責任や、アジア太平洋戦争期の戦時動員・戦時性暴力の責任をめぐって、冷戦体制下でしばしば抑圧されてきた——沖縄や在日コリアンなど日本国内を含む——東アジアのサヴァイヴァーからの個別的な声に直面せざるをえなくなりました。

大学三年生になり、社会学研究室に分属された一九九五年は、「戦後五〇年」をめぐる政治状況のなか、東アジアからのさまざまな声に日本国家がどのような公的反応を示すのかに注目が集まりました。「玉音放送」から五十年目の八月十五日には、自由民主党、新党さきがけとの連立政権を率いていた日本社会党の村山富市首相が、「植民地支配と侵略によって、多くの国々、とりわけアジア諸国の人々に対して多大の損害と苦痛を与え」たことを明言し、「痛切な反省の意」と「心からのお詫びの気持ち」を表明しました。この「村山談話」は、——党内に穏健保守派から「極左」まで多様なグループを抱えつつも――冷戦体制下で「反戦」と「非同盟・非武装・中立」を最大公約数の党是としてきた社会党が、連立相手の自民党内を説得して、「戦中世代」から「戦後世代」までの多様かつ複雑なアジアに対する加害意識を代表＝表象（represent）しえた、一定の成果であったといえます。

と同時に「村山談話」は、社会党が自民党との連立政権を組織するに際して、沖縄などの米軍基地負担を含む日米安保体制を突然肯定し、自衛隊を合憲組織として積極的に称賛し、長年反対してきた原子力発電をも容認することと引き換えであった点は、記憶されるべきでしょう。この時点で社会党は、長年の党内対立をようやく調停して一九八〇年代に定めた福祉国家路線さえをも、徐々に台頭する「構造改革」のイデオロギーに幻惑されて放棄しつつありました。社会党は「村山談話」のわずか半年後には、事実上の分裂・解体に直面することになります。

そして「戦後五〇年」の一九九五年には、とても偶然とは考えられないほど、冷戦体制下の日本で作られた制度や秩序の歪みを象徴するような事件が重なりました。一月に六千名超の犠牲者が出た阪神淡路大震災が起こり、三月には東京の地下鉄でオウム真理教幹部らが神経ガスのサリンを散布し、十三名の死者と数千名の負傷者を出します。

阪神淡路大震災のとき筆者は京都に住んでいましたが、この震災による被害状況と「復興」の過程で露わになった光景は、二十世紀東アジア最大級の工業地帯であった阪神地域の経済的衰退をも示していました。日本帝国期から冷戦期のフォーディズム体制下にいたるまで、長きにわたって製造業に支えられた経済的繁栄を享受してきた阪神地域は、東京と異なってグローバリズムの進行のなかで世界都市《グローバル・シティ》（サスキア・サッセン）になることができず、いまや日本国の一地方大都市圏の地位にあまんじています。一九九五年は今から振り返ってみると、二〇一〇年代に入って「維新」の名を冠する新興右派勢力が、阪神地域の経済的凋落への危機感と、かつての〈大大阪〉への郷愁《ノスタルジー》にうったえかけながら、この地域の政治的覇権を獲得していく政治過程の前兆でもありました。

だが一九九五年に起きた事件のなかで筆者にとって最も衝撃的だったのは、「村山談話」のわずか半月後の九月初旬に沖縄で起こった、海兵隊員と海軍軍人による小学生拉致・集団レイプ事件でした。この事件に対して沖縄で広がった大規模な抗議行動を背景に、当時の大田昌秀知事は翌一九九六年一月、嘉手納基地を含む沖縄のすべての米軍施設を二十年かけて撤去または県外に移設するという「アクションプログラム」を策定し、日米両政府に提出しました。全面撤去期限とされた二〇一五年はもう終わってしまい、本土の住民の大多数はこの「アクションプログラム」の存在さえ忘れてしまっていますが、これは「戦後五〇年」の年に策定された、アジア太平洋戦争から冷戦期にわたって沖縄に犠牲を強いてきた構造の是正を求める、明確なメッセージでした。日本の総力戦に利用されて〈捨て石〉にされ、日本の再独立・復興の過程で再び〈捨て石〉にされてきた、沖縄の歴史的経験に日本の国家と社会が向き合い、いくばくかでも戦争責任と戦後責任を果たすよう、沖縄県のトップがはっきりと要求したわけです。

このように、政権、大衆意識、マスメディア、さまざまな社会運動が一定の緊張関係をもちつつ、米ソ冷戦終結や「戦後五〇年」をめぐる政治過程が展開する状況下で、一九九〇年代日本の人文社会科学の学知もまた、大きな変革を迫られていました。筆者も大学生という知的ベースの形成期に、そうした思想的変動のただなかに投げ込まれていたのです。

たとえば、現在では日本の反差別運動ばかりかマスメディアの水準でもすっかり定着した、レイシズム（人種主義）の理論的定義を彫琢したのは、一九九〇年代の人文社会科学系アカデミアにおける最大の成果のひとつといえるでしょう。この時期、皮膚の色など被差別側の属性に基づく差別といった旧来からの「人種差別」論が、カルチュラル・スタディーズの影響も受けつつ、アカデミアから払拭されていきます。そして日本においても、レイシズムのより厳密な定義、すなわち「ある人の身体的外見・使用言語・生活習慣などに一定のステレオタイプ化されたイメージを押しつけ、そのイメージをあたかもその人の本質であるかのように侮蔑や恐怖の対象としてクローズアップし、その人に対する差別や排除を正当化するイデオロギー」といった定義が定着し、さらにはアカデミアを超えて広まっていくことになります。

また、「戦後生まれ」が日本の総人口の約三分の二に達し、アジア太平洋戦争の直接的な体験者が少数派になってしまったこの時期、日本／東アジアにおける近代や第二次世界大戦をめぐる歴史認識にも、理論的な水準から変動が起こっていました。

第二次世界大戦をめぐる理論的介入として当時最もインパクトを持ったのは、総力戦体制論と呼ばれる議論でした。総力戦体制論はまず、第二次大戦期の枢軸国側のドイツ・ナチズム、イタリア・ファシズム、天皇制軍国主義、そして連合国側のニューディール体制などはいずれも、近代的な秩序からの例外や逸脱ではけっしてなく、近代国民国家にそもそも埋め込まれている均質化と動員のメカニズムが極限化させられた体制であること、しかもこれらはナショナル・レヴェルの階級調停と総動員を軸とする互いに同型的な戦時体制であったと主張します。さらにこの戦時体制は、第二次世界大戦後の冷戦体制のもとで連合国＝戦勝国側と枢軸国＝敗戦国側の両サイドに形成されたフォーディズム型福祉国家のシステムを準備したとみなされます。総力戦体制論はやや大理論的であり、歴史研究者らからさまざまな批判を受けましたが、少なくとも天皇制軍国主義（天皇制ファシズム）と戦後民主主義との断絶を強調してきた日本のオールド・レフトの歴史観を、大いに揺るがせたことは間違いありません。

帝国日本／東アジアをめぐる歴史認識に関しては、植民地帝国論の提起が理論的変動を象徴していました。「文化」的側面にも及ぶ動員と差別化の重層的構造として帝国を把握しようとする植民地帝国論は、従来の「政治経済」的側面のみを強調する帝国主義論の枠組みに修正を迫っていました。こうした議論の背後には明らかに、冷戦体制下で社会主義政党に主導されてきたマルクス＝レーニン主義的な歴史理解の動揺がありました。

さらに、帝国崩壊後の日本／東アジアをめぐる歴史認識については、ポストコロニアルという視点の移入も受けつつ、〈継続する植民地主義〉の問題をどのように考えるべきかが問われていました。ここで焦点となったのは、日本の植民地支配からの「解放」後、自律的な脱植民地化を模索する猶予さえほとんどなく、冷戦の軍事的前線に置かれ長らく白色テロルにさらされることになった韓国や台湾の「戦後」経験であり、あるいは日本本土に地上戦の場として利用された結果、冷戦体制のもとで米軍の軍事占領下に置かれることになった沖縄の「戦後」経験でした。京都市内で育った筆者は、隣人たちのなかに済洲島の白色テロルのサヴァイヴァーが何人もいたはずですが、恥ずかしながら大学生になるまで「四・三事件」さえ知りませんでした。

そして、「戦後五〇年」をめぐる政治状況のなかで焦点であった元日本軍「慰安婦」の女性たちは、一九九〇年代の学知の変動にとっても、常に暗黙の参照点であり続けました。彼女たちは――その存在に向き合うにせよ、否認するにせよ――軍事性暴力の被害者であると同時に、近代日本をめぐる帝国、総力戦体制、レイシズム、ポストコロニアル状況といった諸問題の交錯点に位置する、象徴的な被害存在であったからです。

二〇〇七年、筆者は博士論文を大幅に増補して初めての単著『近代日本と小笠原諸島』を上梓しましたが、この本にいたるまでの仕事は、今から振り返るならば、一九九〇年代の思想的インパクトから多くの影響を受けていたことがわかります。『近代日本と小笠原諸島』は、一八七六年の日本併合以前に小笠原群島に〈海からやって来て〉住み着いていた世界各地にルーツをもつ移動民《ノマド》とその子孫たちが、近代世界のなかでいかに生き抜いてきたのかに照準した、百五十年間の歴史記述の試みです。十九世紀の捕鯨船というグローバリゼーションの前線・底辺から逃れて小笠原群島に住み着いた先住者たちは、その後も世界市場や主権国家・帝国あるいはレイシズムといった近代的な秩序の力に翻弄されながら、北西太平洋世界におけるグローバリゼーションと植民地主義の前線に置かれ続けます。と同時に、小笠原群島の先住者たちは、かれらを捕捉しようとする圧倒的な力のなかで、なんとか生存と自治を確保しようと試行錯誤してきました。大陸あるいは本土（内地）という〈擬似大陸〉を中心とする従来の近代史観が決定的に捉え損なってきた、移動民《ノマド》とその子孫たちの流動的で自律的な生の軌跡を、残された文字資料と人びとの語りを拾い集めることによって再構成する作業が、この本のテーマでした。

五百頁を超える大部となった『近代日本と小笠原諸島』は、東京や沖縄などと並んで日本における一九九〇年代の思想的な台風の眼のひとつであった関西で学生・院生時代を過ごした恩恵を、多分に受けています。二〇〇〇年前後の日本のアカデミアや論壇では、一九九〇年代に浮上した帝国やポストコロニアル状況をめぐる諸問題が、社会構造認識や社会史的・経済史的観点からしばしば遊離した水準で議論される傾向がありました。こうした一部の傾向はアカデミアや論壇の守旧派から恰好の攻撃対象とされ、「軽スタ」「ポスコロ」といった無意味な侮蔑語がマスターワードのように使われ始めていました。また革新派の性急な介入と守旧派の反動的意図は、「本質主義」対「構築主義」、「史料主義」対「理論主義」、「民族史観」対「国民主義批判」など、いくつもの「論争」を呼び起こしましたが、そうした「論争」はときに実りある論点を浮上させたとはいえ、他方で問題を過度に単純化し、当事者・関係者を疲弊させる結果をもたらしました。

このような状況下で、東京を中心とした「論争」の枠組みから距離をとることができ、マルクス主義的な思潮に関しても社会主義諸党派の解釈枠組みからかなり自由な議論の蓄積があった、関西のアカデミズム周辺で修行時代を過ごしたことは、筆者にとっては恵まれた条件でした。知識も実力も不足していましたが、先に述べた一九九〇年代の思想的インパクトをふまえつつ、一九七〇年代頃から西欧や日本で蓄積されてきた社会史的な視点と構造主義的な経済人類学の方法論を摂取することによって、アカデミアや論壇の「論争」の水準よりは、少しでも先に進もうとしていました。その試みが成功したかどうかは筆者自身が判断することでありませんが、自分なりにどのあたりの議論を伸ばしていくことが有意味かについては考え続けてきたので、単著にまとめて世に問えば、せめてアカデミズムやアカデミック・ジャーナリズムの圏内では盛んな対話や議論が展開できると予想していました。

2 二〇〇〇年代のバックラッシュ——歴史認識の疲弊とレイシズムの台頭

二〇〇五年、関東地方の国立大学に初めての職を得て関西から移住しました。法人化直後であった当時の国立大学には、大学の戦後体制の正負の遺産がまだ色濃く残っていましたが、「改革」圧力と予算カット、競争的外部資金がもたらす疲弊も、職場を蝕み始めていました。そうした過渡的状況の国立大学のなかでさまざまな経験をしましたが、その経験の大部分はここに書くことができません。

二〇〇〇年代の筆者は、博士論文に続いて単著を完成させるために、所属先や勤務先の研究室に長い間籠っていました。そして『近代日本と小笠原諸島』刊行後の二〇〇八年頃、再び日の当たる場所に出てきたとき、アカデミアや論壇における生産的な対話や議論は、二〇〇〇年前後に比べてはるかに難しくなっているように感じられました。二十世紀にはまだ部分的とはいえ機能していた、人文社会科学系の研究成果が人びとの歴史認識や社会認識に対してもつ公共性も、学術書の売上減と論壇誌の衰退も影響して、かなり減退したように思われました。

『近代日本と小笠原諸島』は幸い、日本社会学会から賞をいただいたり、社会学に限らずさまざまな分野の学会誌で書評されたりするなど、アカデミアで一定程度日の目をみることになりました。しかし、この本をネタとして使い回し、対話や議論を積極的に拓こうとしてくれたのは、長らくクローズドの研究会を一緒にやってきた研究仲間を除けば、先述の一九九〇年代の思想的変革を中心的に担っていた年長の研究者たち、当時まだ大学院生だった若い世代の一部の人たち、そして日本語が読める日本国外の一部研究者にとどまりました。

筆者はややショックを受けましたが、人文社会科学系の研究がもつ影響力の退潮に加え、近代日本／東アジアに関する歴史認識が二〇〇〇年代に入ってすさまじいバックラッシュにさらされてきたことをふまえれば、この困難な状況もやむをえないと感じました。一九九五年の「村山談話」に反発した研究者・文化人らが一九九七年に「新しい歴史教科書を作る会」を結成した時点で本格的なバックラッシュは始まっていましたが、二〇〇二年に小泉純一郎首相が国交正常化を目的として朝鮮民主主義人民共和国（北朝鮮）を訪問し、金正日・朝鮮労働党総書記が北朝鮮特務機関による日本人拉致について謝罪したことを契機として、反「朝鮮」言説が日本社会に急激に広まります。「朝鮮」に対するレイシズム・悪魔化が進むにつれ、日本の植民地支配責任や戦争責任を問題化する表現を利敵行為であるかのように糾弾する風潮も強まりました。これに続いて「嫌韓」言説や「嫌中」言説も台頭し、東アジアの隣国への敵対意識、在日コリアン・在日中国人に対するレイシズム、そして歴史認識に関するバックラッシュは、一九九〇年代と打って変わって、取り返しのつかない段階にまで進んでいきます。二〇〇〇年代後半になると、いわゆるネット右翼の攻撃も活発化し、日本の植民地支配責任や戦争責任に論及するあらゆる表現や研究・教育が、歴史教科書の記述からマスメディアの報道、歴史研究者の専門的な著作にいたるまで、また東アジア諸国ばかりか沖縄やアイヌなど日本国内の領域にいたるまで、すべて極右勢力による監視や攻撃の対象になるような状況ができあがってしまいました。

このような歴史認識にかかわるバックラッシュの進行は、ジェンダー平等を志向し性暴力の廃絶を目指す表現や教育を攻撃対象とする、いわゆるジェンダー・バックラッシュの高まりとほぼ並行・連動していました。そして、植民地支配責任・戦争責任の問題系と性暴力の問題系の交錯点に位置する元日本軍「慰安婦」の女性たちの存在は、この二つのバックラッシュの展開のなかでもまた、焦点であり続けたのです。

筆者は前述のように個人的状況にかまけていて、こうした二〇〇〇年代のバックラッシュ状況にはほとんど関与できませんでした。ほんらい有意義な議論を交わしながら歴史認識や社会認識の発展を担うべき多くの優れた研究者や教育者、ジャーナリストやアクティヴィストが、バックラッシュへの対応に追われ、ときには意に反して過度に政治主義的にふるまわざるをえず、物理的のみならず知的にも消耗していくのを、横目に見ているだけでした。筆者のなかには、この厳しい状況に関与できなかったという一種の後ろめたさが、今でも残っています。

そして二〇〇〇年代は、以上のような新保守主義的イデオロギーの伸張とほぼ同時並行で、「構造改革」が日本社会にもたらした結果が露わになった時期でした。ポスト冷戦期の日本で緊縮主義的な経済政策を最初に明確に採用したのは村山首相の後を継いだ自民党の橋本龍太郎首相でしたが、続く小渕恵三首相そして小泉純一郎首相は、社会保障費全般にわたる抑制や「三位一体改革」による農山漁村・離島地域からの財政的撤退といった劇的な緊縮路線、公務部門の大規模なアウトソーシングや「民営化」、労働法制の劇的な「規制緩和」などを推進しました。

日本の本土は一九五〇年代の高度経済成長の開始から一九九〇年代初頭まで、類例をみない長期経済成長とそれを元手とする積極財政路線のトレンドにあったため、日本社会にとって二〇〇〇年代の「構造改革」路線の結果は、他の旧西側先進諸国と比べても劇的なショックとなって表れました。そして小泉首相が退陣した二〇〇六年後半頃から、「構造改革」路線に対抗的な社会運動や言論が徐々に影響力を拡大していきます。二〇〇〇年代後半には「格差」、続いて「貧困」という言葉が、マスメディアのレヴェルでも「構造改革」に対する批判的用語としての内実を伴って使われるようになりました。

二〇〇〇年代末には、国政レヴェルでも重要な政治変動が起こりました。二〇〇七年の参議院選挙、続いて二〇〇九年の衆議院総選挙で圧勝した民主党が、自民党・公明党から政権を奪取し、社会民主党・国民新党との連立政権を組織したのです。

民主党は旧来の近代政党と異なって統一綱領をもたず、国政選挙のたびにマニフェストを通して主要政策を発表する、いわば「ポスト・モダン」スタイルの政党であり、国会議員や地方組織の間でも、経済政策や安全保障政策においてさえ、しばしば相反する見解が同居しています。そのため、この政権交代の背景には多様な同時代史的文脈が想定できますし、二〇〇〇年代後半段階では、「構造改革」の修正を要求する集団とその継続を支持する集団がともに民主党に投票した可能性があります。

ただし当時の民主党のマニフェストは、経済政策や安保政策の不明瞭さに比べて、社会保障・福祉分野に関しては方向性がかなり明確な社会民主主義的政策を掲げていました。また、田中角栄の弟子であった小沢一郎代表（二〇〇六〜二〇〇九年）の方針で、農協や漁協をはじめ、自民党の「三位一体改革」によって疲弊させられた農林漁業地域からの集票に力を注いでいました。専門家の各種調査・分析でも指摘されてきたように、「構造改革」路線が進めた「格差」「貧困」の拡大に関して政策的対応が必要だと考える層が、この政権交代につながる投票行動に向かったことは間違いないでしょう。

しかし、こうした政治変動のなかでも、歴史認識をめぐるバックラッシュやレイシズムは、依然として収まる気配をみせませんでした。同時期の二〇〇八年に、「行動する保守」を自称する「在日特権を許さない市民の会」（在特会）が、朝鮮学校やコリアン居住地域などに対して、聞くに耐えない差別語を浴びせながら物理的襲撃を試みるようになります。ついに「嫌朝」「嫌韓」「嫌中」イデオロギーが、マンガやインターネット上でのヘイトスピーチのレヴェルさえ超えて、街路での直接行動（ヘイトクライム）へと発展してしまったのです。

筆者が二冊目の単著である『殺すこと／殺されることへの感度』を刊行した時期は、以上のような二〇〇〇年代の最終局面でした。この本は初出が論壇時評の連載であるため、ジャーナリズム、労働と貧困、臓器移植、外国人政策、沖縄、新しい戦争など、同時代的なトピックを取りあげていますが、いま読み返してみると、むしろ底流となっているのは、歴史的経験に謙虚たれというモチーフであったと思います。

この本の元になった『週刊読書人』の連載は、主に月刊論壇誌の掲載記事に基づいて同時代を論評するという作業でしたが、二〇〇〇年代後半はちょうど、インターネット大衆化のあおりを受けて論壇誌が次々と休刊に追い込まれている時期でした。このような時期に書評紙の連載記事を一冊の書物にまとめておこうとした理由は、この国の雑誌公共圏のなし崩し的な終焉には抵抗の意思を示しておく必要があると考えたためでした。その後、二〇一〇年代に入って進行したＳＮＳの発達・大衆化は、月刊誌をさらなる苦境に追い込みました。二十世紀の百年にわたって日本社会で一定の言論公共圏を形作っていた論壇そのものが、いまや断片化と霧散の過程にあります。

『殺すこと／殺されることへの感度』というやや物騒なタイトルは、二〇〇〇年代に日本社会で急浮上した「貧困」「戦争」という二つのキーワードについて考え抜く過程で生まれました。二〇〇〇年代にはすでに、いわゆる「テロ対策特別措置法」によってアフガニスタン攻撃に参加する米軍への給油活動のために海上自衛隊がインド洋に派遣され、また新たな「特別措置法」によって陸上自衛隊がイラクに派遣され、さらには「海賊対処法」によって海上自衛隊がソマリア沖のインド洋やアデン湾に派遣されており、自衛隊の海外派兵と米軍下請け組織化が、特措法を積み重ねることによってなし崩し的に進展していました。

二〇〇九年には、日本国内の年間自殺者数――自死が疑わしい「変死」をカウントしない人数――が十年連続で三万人を超えたとするデータとともに、イラク戦争から帰還した自衛隊員の自殺率が異様な高率を示したことが報道されていました。筆者はこの国で近い将来、大学進学の奨学金を得るために自衛隊に入隊した経済的下層の若者が、多国籍軍の一員として世界各地の紛争の前線で殺し／殺される状況に投げ出され、生還できた者も多くが傷病に苛まれるという、二〇〇〇年代の米国で社会問題化していたのと同種の事態が進行すると予想していました。

じじつ、その後二〇一一年から一二年に米国全土の都市の街路や大学のキャンパスを席巻した占拠《オキュパイ》運動は、富裕層を優遇する税制の是正や高騰した高等教育の学費の引き下げなどをうったえていましたが、この運動の象徴的存在であったのがまさに、イラク戦争生還者を中心とする退役兵《ベテラン》たちでした。日本においても、二〇一二年の政権再交代を経て自衛隊の集団的自衛権行使が本格的に解禁され、大学卒業後の一定期間の自衛隊入隊を前提とした学費貸与制度の検討が始まり、「経済的徴兵制」という言葉がマスメディアでも使われるようになりました。こうした現状をふまえるとき、『殺すこと／殺されることへの感度』で書いたかなり冷徹で悲観的な将来展望は、それなりに当たってしまったといわざるをえません。

3 「二〇一一・三・一一」の衝撃
――フクシマとイオウトウ、あるいは冷戦と核被害

二〇一一年三月十一日、東北地方沖合の太平洋で発生した大地震と大津波は、直接的な被害者だけでも死者数が二万名を超える、文字通りの大惨事となりました。この地震と津波によって翌三月十二日、太平洋岸にある東京電力福島第一原子力発電所の六つのプラントのうち、四機がメルトダウンしました。このアジア史上最悪の原発事故によって、東北地方から関東地方にかけて大量の放射性物質が飛散し、福島県を中心に多くの人びとが難民化することになりました。

この原発事故による被曝の程度については専門家の間でも見解に幅がありますが、一九八六年のソ連邦・ウクライナのチェルノブイリ原発事故ほどの広範かつ重大な健康被害は免れることができたというのが、現時点における専門家の標準的な診断であると言っていいでしょう。二〇〇四年に新潟県中越沖地震に直面した地元の住民や自治体から圧力を受けた東京電力が、――その他の点では原発の安全対策に関してサボタージュと不正に塗れていたものの――柏崎刈羽原発とともに福島第一原発にも免震重要棟を設置していました。この免震重要棟の存在によって、福島第一原発のプラントは、メルトダウン後に完全制御不能状態になることだけは免れました。これまでに出揃ったさまざ

まなデータや原発事故に対処した人たちの証言を総合するならば、東京都心を含む関東地方以北の本州東日本地域とその住民は、文字通り壊滅的打撃の寸前で踏みとどまったといわねばなりません。しかし、原発立地点の双葉町と大熊町、隣接する浪江町を中心に、放射性物質の高濃度汚染地域である「帰還困難区域」が存在することや、多くの人びとが被曝を避けるために故郷を離れて難民化せざるをえなかったことは、明白な事実です。

三月十二日に福島第一原発のプラントが爆発する映像をTVで観ているとき、筆者はすぐに、十数年にわたってかかわってきた小笠原群島や硫黄列島の人びとのことを思い浮かべました。アジア太平洋戦争末期の一九四四年、小笠原群島と硫黄列島の島民の大多数が、米軍との地上戦を計画していた日本軍によって本土に強制疎開させられます。結果的に硫黄島では地上戦がおこなわれ、小笠原群島（父島・母島など）は地上戦に巻き込まれませんでしたが、これらの島々は、旧南洋群島（赤道以北のミクロネシア）や奄美諸島・沖縄諸島などとともに、米軍によって占領されました。

日本の敗戦後、十九世紀に日本によって併合される以前から小笠原群島に住み着いていた先住者の子孫にあたる百数十名の人たちだけが、米軍の協力者《コラボレーター》になるとみなされ、島に帰ることを許されました。しかし、小笠原群島の本土系（日系）の島民と硫黄列島の全島民は、引き続き難民状態を強いられました。そして一九五一年に締結されたサンフランシスコ講和条約において、日本は米国を中心とする西側諸国から再独立を認められると同時に、米軍が沖縄諸島・奄美諸島などとともに小笠原群島・硫黄列島を引き続き軍事利用することを事実上追認したのです。小笠原群島や硫黄列島では旧南洋群島のマーシャル諸島のように核実験こそおこなわれなかったものの、米軍は核弾頭を秘密裏に配備する目的で島民の帰島を拒み続けました。

一九六八年、小笠原群島・硫黄列島の施政権が日本に返還され、小笠原群島の本土系島民（の子孫）にも、ようやく故郷への帰還が認められました。ところが日本政府は、硫黄島を日本の自衛隊と米国の沿岸警備隊に軍事利用させる目的で、硫黄列島の島民には引き続き帰郷を認めませんでした。硫黄列島民は二〇一六年末時点で、七十二年半にわたって故郷喪失状態に置かれています。そして日本社会は、硫黄列島民に対する戦争責任・戦後責任どころか、かれらの存在そのものを忘れ続けてきたのです。

マーシャル諸島のビキニ環礁で米軍による大気圏内核実験が開始され、住民が被曝させられ難民化させられ始めてから、二〇一六年夏でちょうど七十年目になりました。しかし、軍事利用のためにひとつの島全体の住民が難民化させられている事例としては、硫黄列島はおそらく世界最長なのではないでしょうか。

日本本土は冷戦体制下で、小笠原群島・硫黄列島を〈アメリカの核の湖〉の側に投げ出すことによって、民需主導型の高度経済成長を達成しました。同時に日本政府は潜在的な核武装能力を確保するために、米国や英国からプラントやプルトニウムを輸入し、原発建設に着手します。日本政府と電力会社は人口流出と相対的低所得に悩む海村をターゲットに定め、札束で頬を叩くようにして反対運動を孤立化させ、原発を建設していきました。

一九七〇年代に入ると日本の開発主義体制は、高度経済成長によって得られた税収を公共事業と補助金を通して非都市部に振り向け、自民党政権の集票を組織化するという〈疑似再分配体制〉を確立していきます。この〈疑似再分配体制〉の究極形態ともいえるのが、一九七〇年代に田中角栄首相が導入した電源三法に基づく補助金と引き換えの原発増設路線と、困窮海村における〈原発依存経済〉の創出でした。「平和国家」日本の隠れた核体制の側に投げ出された原発立地地域は、補助金以外には原発の現業労働と関連サービス業以外にほとんど収入源がない、国内植民地のような状況に置かれていきます。二〇一一年の福島第一原発のメルトダウンと人びとの核被害は間違いなく、このような歴史過程がもたらした人災でした。

小笠原群島や硫黄列島をはじめとする北西太平洋の島々が軍事主義と植民地主義のもとで強いられてきた難民化あるいは核被害の経験と、日本本土における隠れた軍事主義と国内植民地主義の結果である原子力発電所の爆発がもたらした難民化や核被害の経験は、相互に連関した歴史過程として思考されるべきなのです。

筆者は二〇一三年に専門領域での二冊目の単著『〈群島〉の歴史社会学』を上梓し、『近代日本と小笠原諸島』で本格的に展開できなかった歴史記述を試みました。この本ではまず、前著で正面から扱うことができなかった、小笠原群島の本土系島民と硫黄列島民の近代経験について、かなり厚く論及しました。また、この北西太平洋に浮かぶ群島の経験を、前著のように日本国家との関係に照準するのみならず、環／間太平洋世界の二百年の近代、さらには海洋世界の五百年の近代――early modernを含む〈長い近代〉――のなかに位置づけようとしました。と同時に『〈群島〉の歴史社会学』は、帝国、総力戦体制、冷戦体制、そしてポスト冷戦状況のなかで、何度も何度も〈恥〉を上塗りし続けてきた近代日本国家を、軍事利用と原子力＝核体制のために〈捨て石〉にされてきた人びとの側から、逆なでしていくような作業でもありました。

ところが、事態は筆者の歴史記述の企図と正反対の方向に進んでいるとしか言いようがありません。仮設住宅や避難先でなんとか生活の再建を試みている人たちの苦闘、かれらの生活困難や精神的苦難、そして政府の「収束」宣言後もまったく収束したといえない福島第一原発の状況も、毎年の「三・一一」の記念日を前にした約半月程度を除けば、マスメディアではほとんど報道されなくなってしまいました。日本国民のかなりの部分は、大震災から五年を経過した二〇一六年三月の時点で、まだ約六万人の被災者が仮設住宅にいた事実、二〇一六年末時点でも四万人近くが仮設住宅での生活を余儀なくされている事実を、すでに忘れてしまっているといわざるをえません。

また、二〇一一年の春に日本各地で同時多発的に始まり、二〇一二年夏には最大で首相官邸前に数万～十万人規模の人びとを集めた原発再稼働反対運動は、その圧力によって延べ約二年間にわたる商業用原発の稼働数ゼロ状態を作り上げることに成功しました。

しかし政府と原子力規制委員会は、東京の抗議運動の規模が縮小していくのを横目に見ながら、免震重要棟さえ設置されていない鹿児島県の九州電力川内原発を含む全国の原発を、順次再稼働させていきました。

日本社会はいま、〈継続する冷戦状況〉のもとで基地被害や核被害を強いられた「イオウトウ」をはじめとする島々の経験を忘却してきたのと同様に、「フクシマ」をはじめとする東北地方の被災者や核被害者が置かれている状況を、忘れ続けているのです。

4 危機の二〇一〇年代
――上昇するグローバリズムと国家主義

二〇一二年十二月、自民党が衆議院総選挙で圧勝し、公明党とともに政権を奪還しました。民主党が惨敗した背景として、政権担当時に主要政策をめぐって激しい内紛・内部分裂を繰り返しながら政権運営が迷走したことが指摘されます。しかし惨敗の最大の原因は、この党が明確な経済政策の方向性を打ち出せないまま、財務省の圧力、主要全国紙やTVキー局の論調に引きずられる形で、二〇〇〇年代の自民党政権に似た緊縮路線に傾斜していった点にあるでしょう。

これに対して、安倍晋三総裁率いる二〇一〇年代の自民党は、西欧の新しい左派の経済政策を参照しながら、緊縮路線の部分的凍結と積極財政・金融緩和による経済成長路線を掲げて、政権を奪還しました。自民党は下野中に、一九六〇年の安保闘争に直面してから半世紀にわたって封印してきた日本国憲法の改定を堂々と掲げるようになっていました。しかもその改憲案は、第九条の改定のみならず、基本的人権や自由権にかかわる条項を国家主義的方向で制限するという、日本国憲法体制の根幹を否定するものでした。このような安倍政権の政治的イデオロギーは、世界基準でみれば極右にさえ属します。しかし安倍首相は、欧州旧西側諸国に比べて政治文化なかに社会民主主義的コンセンサスが圧倒的に不足している日本の歴史的現状を利用する形で、世界基準でみれば左派的・社民主義的な経済政策をつまみ食い的に〈横領〉し、政権を奪いかえしたのでした。

安倍政権の政治的イデオロギーについてはさまざまな指摘がなされていますが、そのスローガンである「戦後レジームからの脱却」は主に、（一）日本国憲法体制の変更、（二）国家主義、（三）軍事主義、（四）歴史修正主義、（五）ジェンダー・バックラッシュ、以上五つの側面から構成されていると言えます。

まずこの政権は、米国からの軍事上の要請も受けつつ、「特定秘密の保護に関する法律」（特定秘密保護法）の導入に乗り出しました。与党が提出した特定秘密保護法案は、国家機密に関する国際的なガイドラインである「国家安全保障と情報への権利に関する国際原則」（ツワネ原則）にさえ反する、極端に軍事主義的・警察主義的な法案でした。「ツワネ原則」は情報公開制限の妥当性に際して、政府から独立した監視機関や裁判所が当該機密情報に全面アクセス可能でなければならないことや、公務員以外の者は機密情報の受領・保有・暴露に関して制裁を受けるべきでないことを定めています。しかし同法案は、与野党の議席数に応じて委員が配分される衆参両院の情報監視審査会がチェックをおこなうことと定め、機密情報の受領・保有・暴露に関して非公務員の研究者やマスコミ関係者なども処罰の対象としていました。

このように、特定秘密保護法案は軍事主義的であるばかりでなく、職業選択の自由（第二二条）や後述する学問の自由（第二三条）など、日本国憲法体制下で保障されてきた基本的な自由権を、国家主義的に制限するものでした。しかし、国会周辺を連日のようにデモ隊や群衆が取り囲むなか、自公政権は二〇一三年十二月、この法案を強行採決しました。

そして安倍首相は、為替の円安誘導がもたらす短期的な輸出状況と雇用状況の改善によって高い支持率を維持しながら、二〇一四年七月には自衛隊の集団的自衛権行使解禁の閣議決定に踏み切りました。ここでは憲法第九条の解釈問題については触れませんが、一九九二年に国連平和維持活動（ＰＫＯ）枠で自衛隊の事実上の海外派兵が始まって以来、徐々に掘り崩されてきた日本国憲法体制を、この政権が正面から破壊し始めたことは間違いありません。そして、――筆者の勤務先の学生たちを主要メンバーに含む――学生団体「自由と民主主義のための学生緊急行動」（SEALDs）がアイコンの役割を果たした反対運動が高まり、国会周辺を何度も数万人規模のデモ隊や群衆が取り囲みましたが、集団的自衛権の行使を容認する「平和安全法制」は二〇一五年九月、強行採決され成立しました。

安倍政権の国家主義的な性向は、頻繁に報道された特定秘密保護法制と新安保法制の強行導入のみならず、さまざまな領域に深刻な影響を及ぼしてきました。ここでそのすべてにふれることはできませんが、次の三点には言及しておく必要があるでしょう。

第一に、政府・与党による報道の自由への執拗な監視と恫喝が、敗戦後七十年で類例のないほど高まっていることです。安倍首相は二〇一二年末に第二次政権の首相に就任して以降、全国紙とTV局の報道をコントロールすることに腐心してきました。すでに安倍首相は、第一次政権で首相に就任する以前の二〇〇一年に、日本軍「慰安婦」問題について昭和天皇に「有罪」を宣告した民間法廷「女性国際戦犯法廷」を扱ったNHK番組『ETV2001――問われる戦時性暴力』の編集過程に介入するなど、日本の植民地支配責任や戦争責任を問題化する報道に対して攻撃を加えています。そして第二次政権獲得後は、歴史認識にかかわる問題にかぎらず、政府・与党に批判的なあらゆる報道を監視し、恫喝を加えるようになりました。安倍首相は一方で大手紙や在京TV局の幹部と頻繁に会食をもちつつ、他方で自らに批判的なあらゆる報道内容を与党機関に監視させ、必要に応じて猛烈な抗議をおこない、ジャーナリズムを委縮させるという手法を確立したのです。

筆者も報道関係者と一緒に仕事をする過程で、社論が与党に近い立場の報道機関ほど、上層部からの圧力と現場の自己規制が深刻なレヴェルに達していることを感じてきました。NGO「国境なき記者団」による二〇一六年度「報道の自由度」ランキングで、日本は一八〇ヵ国中七二位まで評価が落ち込んでいます。

安倍政権の国家主義的な性向として第二に言及すべきなのは、沖縄の新基地新設をめぐって、日本国憲法体制下で定着した地方自治の法慣行さえ無視して工事を強行していることです。

前述した一九九五年の集団レイプ事件に対する抗議で高まった米軍基地撤去要求を受けて、日米政府は米軍普天間飛行場と米軍北部訓練場の返還を決定しました。ところが両政府は、前者の「代替施設」の建設場所として沖縄県内である名護市の辺野古地区を、後者のうちヘリパッド部分の「代替施設」として東村の高江地区を選定します。その後両地域は国家の介入を受け続けますが、人びとは驚嘆すべき地道な日常的抵抗によって、二十年間にわたって新基地の着工を押しとどめてきました。

二〇一〇年五月、前年の政権交代時の総選挙で普天間飛行場の「代替施設」について「最低でも県外移設」を公約していた民主党の鳩山由紀夫首相は、米国の圧力と日本政府内――特に外務省と防衛省――からの組織的抵抗に屈して、辺野古新基地建設を受け入れると表明し、公約破棄と社民党の連立政権離脱を招いた責任をとって辞職しました。だがその翌月、辺野古がある名護市の市長選で、新基地建設に長らく反対してきた稲嶺進氏が当選します。さらに二〇一四年の沖縄県知事選では、保守系ながら辺野古新基地建設に反対する翁長雄志氏が、穏健保守派から左派までの広範な支持をえて勝利しました。にもかかわらず安倍首相は、自治体の首長の反対を尊重するという地方自治の法慣行を無視してまで、辺野古新基地の埋め立てを進めました。高江新基地にいたっては、地上では本土から機動隊を動員して反対する住民を弾圧し、上空では建設資材搬入のために——法律上明らかに問題があるにもかかわらず——自衛隊機さえをも投入して、建設を強行したのです。

第三に安倍政権下では、筆者が身を置く大学という場所が、かつてないレヴェルで国家主義的介入にさらされるようになりました。意外かもしれませんが、実は大学こそが、安倍政権に顕著に表れた日本国憲法体制の否定や国家主義、軍事主義、歴史修正主義と、前述した世紀転換期以来の緊縮主義的な「構造改革」路線から、いま最も集中的に攻撃を受けている場なのです。

二〇一四年六月、自公政権は多くの研究者の反対を押し切って「学校教育法および国立大学法人法の一部を改正する法律」を成立させました。二〇一五年四月に施行された新学校教育法は、敗戦後の日本の大学おいて長らく法慣行として定着してきた、教授会の同僚教員に関する人事権ばかりか教育内容や研究内容に関する自己決定権さえ、各大学の学長や執行部が無視あるいは剥奪しうるという「法解釈」を可能にしてしまいました。この改定は日本国憲法第二十三条が保障してきた学問の自由とその法的派生物《コロラリー》としての大学の自治を根本から否定する事実上の違憲立法であり、新安保法制の強行などと並んで日本国憲法体制に対する破壊活動の一環だといえます。二〇一五年の新学校教育法の施行後は、地方国立大学では研究者集団や教授会の自治権はほぼ消滅し、教授会の自治権が比較的強かった大規模私立大学においても、理事会が新法施行に便乗して研究者集団や教授会の審議権を次々と剥奪し始めています。

そして二〇一五年六月、文科省はついに各国立大学に対して、人文社会科学系部局の「廃止や分野の転換を検討」するよう通知したのです。さらに同じ二〇一五年には、防衛省が「安全保障技術研究推進制度」を創設して、大学と民間の研究機関に競争的研究費を直接支給し始め、続いて二〇一六年六月には日本学術会議が、敗戦後長らく自制してきた大学における軍事研究を解禁する行動指針の検討に入りました。防衛省予算を受給した研究者は、当該研究課題が防衛省によって特定秘密に指定された場合、その研究成果の保有や公開が政府・防衛大臣の管理下におかれ、機密情報を漏洩したとみなされれば厳罰の対象になりえます。特定秘密保護法の導入と防衛省による研究予算の支給開始は、両者が相まって学問の自由と大学の自治を根元から侵食し始めているのです。近い将来、軍事研究に関与した研究者が国家当局によって学問の自由はもとより基本的人権を侵害されたとしても、その事実が報道できないばかりか所属大学の同僚にも知らされないような事態さえ、想定しておいたほうがよいでしょう。

筆者は現在、東京都心に立地する比較的大規模な人文社会科学系中心の私立大学の教員です。そこで得られる視野は、日本の国公私立大学全般のなかにあって、非常に限定的だといわざるをえません。そもそも筆者は、高等教育史の専門家でもなければ、教育社会学を専攻しているわけでもありません。にもかかわらず、そうした限界を承知のうえで、学問の自由や大学の自治の何をどのように守り発展させるべきかについて議論が活性化するならばと考え、雑誌・新聞への寄稿や取材協力、各大学での講演や講義、SNS上などでの意見交換を重ねながら、いくつかのアジェンダを提示してきました。

また二〇一〇年代半ばになると、このような大学に対する国家主義的な管理統制の強化と並行して、大学の教育研究内容を揺るがすヘイトスピーチやヘイトクライムが、右派系メディアや民間の国家主義者たちから次々と繰り出されるようになりました。

こうした事態は直接的には、日本軍「慰安婦」問題に関する一九八〇年代〜九〇年代の『朝日新聞』の報道と、一九九三年に「慰安婦」制度における日本軍の公的関与と強制性を認めた自民党の河野洋平官房長官の談話に対する、右派系報道機関や右派系政治家からの批難キャンペーンを背景としていました。二〇一三年、朝日新聞社を早期退職することを条件に関西の私立大学の教授就任が内定していた植村隆氏が、『週刊文春』に「〝慰安婦捏造〟記者」であるという明らかに事実関係に無理がある記事を掲載され、就任辞退に追い込まれるという事件が起こりました。翌二〇一四年になると、植村氏が非常勤講師を勤める北海道の私立大学に対して、学生の殺傷や施設爆破を予告する脅迫が集中しました。そして同じ二〇一四年には、日本各地の大学で、日本の植民地支配責任・戦争責任・戦後責任にかかわる講義内容や授業運営をめぐって、主に外国籍の教員を標的とした誹謗中傷がマスメディアやSNSで拡散され、当該教員と所属大学が攻撃される事件が相次ぎました。

こうして日本では、極右勢力から「反日外国人」「反日左翼」などとみなされた教職員・非常勤講師・学生が所属するあらゆる大学が、ヘイトクライムやテロリズムの潜在的ターゲットになってしまいました。二〇一〇年代、日本国家の戦争責任や植民地支配責任の否認を試みる極右・レイシスト勢力は、大学構成員の教育内容・研究内容を直接標的とするヘイトクライムやテロリズムをオーガナイズし、学問の自由と大学の自治を正面から破壊する手法を確立したといえるでしょう。

ささやかながら筆者も、攻撃対象になった教員が所属する大学の執行部に手紙を書いたり、勤務先の同僚と一緒に植村氏の雇い止めに反対する声明に参加したり、大学問題を扱うシンポジウムに登壇したり、いくつかの作業に追われていました。幸いにも筆者自身は直接的な脅迫の標的になりませんでしたが、ついに勤務先の大学にも、当時学生として在籍していたSEALDsの主要メンバーを殺害するという脅迫状が届いたことが明らかになりました。

5　〈冷戦ガラパゴス〉を超えて
——殺さない／殺されないために

ここまでみてきたように、二十世紀末から日本社会に広がり始めた歴史認識にかかわるバックラッシュは、敗戦後七十年を経てついに、朝日新聞社という巨大報道機関に対する大規模な攻撃、さらには日本国憲法体制下で特別の自由権と自治権が保障されてきた大学の教育・研究に対するテロリズムへと至ってしまいました。筆者はそうした状況を許してしまった現代日本社会の意識や情動のあり方を、〈冷戦ガラパゴス〉と名づけることが適切だと考えています。

もともとガラパゴスという言葉には、大陸から隔てられたガラパゴス諸島のような環境において、生物の進化過程を「純粋に」表現する貴重な固有種が存在しているという、一種の肯定的な含意があります。しかし、二〇〇〇年代末以降の日本では、おもに新興企業家を発信源として、ガラパゴスという言葉を、島のような閉鎖社会に閉じこもっている人または状態といった否定的な意味で用いるようになりました。「ガラパゴス状態から脱してグローバリズムに乗り遅れないようにみんなで英語を喋ろう」といったスローガンに類する言説を、耳にしない日はありません。

だが日本本土の主流社会は逆に、歴史認識や空間認識に関してはますます救い難い〈ガラパゴス〉状態に陥ってきました。日本社会は、アジア太平洋世界との歴史的関係性を無視しながら、米国の覇権下で特権的に高度経済成長を享受することができた、冷戦時代への郷愁を清算することができていません。そうした〈冷戦ガラパゴス〉の夢に囚われているために、「嫌中」「嫌韓」「嫌朝」に代表されるレイシズムや排外主義、歴史認識をめぐるバックラッシュを抑えることができないのです。

実は〈冷戦ガラパゴス〉意識は、独島／竹島にせよ、尖閣諸島／釣魚島にせよ、南クリル／南千島にせよ、群島をダシにしています。これらの島々は、サンフランシスコ講和条約を主導した米国が、条文中で帰属先を曖昧にしておいたために、冷戦体制下で潜在的な国境／領土／領海紛争の場となりました。しかし留意すべきは、これらの島々をめぐる紛争が高まったのは、むしろ米ソ冷戦終結後であるという点です。特に南クリル／南千島に関しては、日本の国家と社会がここまで〈冷戦ガラパゴス〉にまごろんでいなければ、一九九一年のソ連邦崩壊後、比較的早期に何らかの外交的妥協が成立していた可能性——したがってロシアとの講和条約＝平和条約が早期に締結された可能性——は、十分にあります。一九四五年のソ連軍の侵攻によってクリル列島／千島列島から難民化させられた経験をもつ島民一世の大多数は、すでに世を去ってしまいました。かれら島民一世の多くが存命中に一定の外交的妥協を成立させられなかったことは、日本の敗戦処理における最大の蹉跌のひとつだといえるでしょう。

それでも、すさまじいバックラッシュとレイシズム・ヘイトスピーチの伸張のなかにあって、街路で実際の行動に立ち上がった人たちもいました。二〇一〇年頃から「在特会」構成員らの街頭行動に対するカウンター・デモが組織されるようになり、徐々に前者の規模を上回るようになっていきます。また、二〇〇九年の「在特会」構成員らによる京都朝鮮第一初級学校への襲撃事件に関しては、被害者や支援者、法曹、研究者、ジャーナリストらの努力の結果、刑事裁判で実行者のうち四名が有罪となり、また民事訴訟でも損害賠償と学校近隣での街宣行動の禁止が確定しました。二〇一六年には、国会で大多数の党派の賛成によって、「本邦外出身者に対する不当な差別的言動の解消に向けた取組の推進に関する法律」（ヘイトスピーチ対策法）や「部落差別の解消の推進に関する法律」（部落差別解消法）が成立しています。

いっぽうで、日本社会のなかで意識や情動のレヴェルでレイシズムや排外主義が弱まってきたという証拠は、残念ながら、ないといわざるをえません。そもそも、「日系人」枠など部分的な例外を除いて、外国からのノンエリート移住者の本格的な受入れを進めていない日本において、レイシズムや排外主義の伸長は、欧州や米国といった他の先進諸国と異なり、移民に雇用や福祉を奪われるといった妄想的恐怖に起因するものではありません。敗戦後の日本は、旧植民地からの移動・移住さえ遮断し、国内農山漁村・離島部からの労働力調達によって高度経済成長を達成しつつ、旧植民地出身者への激しい差別を容認し助長してきました。日本社会のレイシズムや排外主義は、長年かけて歴史的に醸成されてきたことを忘れるべきではありません。

しかし、日本が近い将来、労働者も納税者も不足する超少子高齢化社会になることは確実です。しかも日本の労働市場はいまや、先進国のなかでも労賃や労働環境において最低ランクに位置しており、途上国出身者の多数にとって日本は魅力的な移住先ではまったくありません。日本が経済活動と社会保障を維持するためには、現在「日系人等」にだけ適用されている就労制限のないカテゴリーで、外国からの移住労働者を大規模に受け入れ、かれらに国民と同レヴェルの法的権利を保障し、無理に同化を強いることのない多文化主義的な社会政策を構築するしか、途はありません。先進国中でニューカマー外国人の人口比率が非常に少なく、またオールドタイマーの外国籍者に対する法的・社会的差別さえ克服できていない日本社会はこれから、七十年間かけて醸成された〈冷戦ガラパゴス〉を克服するというレッスンを受けなくてはなりません。

そして、歴史認識における〈ガラパゴス〉化とはやや位相が異なりますが、日本社会では同時代の政治経済のあり方を含む社会認識の領域での〈ガラパゴス〉化も深刻であり、そして両者は一定程度連動しています。筆者がとりわけ深刻だと考えるのは、先にふれたように、日本社会でも二〇〇〇年代後半以降、「格差」や「貧困」といった言葉が少なからず批判的語彙として市民権をえたにもかかわらず、「構造改革」や緊縮主義に対抗的な集団化や組織化が、同時代の世界とりわけ先進各国のなかでも非常に弱いという点です。

二〇一〇年から二〇一二年にかけて、中東から北アフリカにわたる諸国で「アラブの春」と呼ばれる大規模な民主化闘争が起こりました。この運動が打倒を目指していたのは、――主にロシアの支援を受けていた独裁政権であるシリアやリビアを除けば――米国やEUのバックアップを受けて構造調整路線をとっていた各国の独裁政権でした。また地中海の対岸のスペインでは、EU中枢と国内のパワーエリートが主導するグローバリズムや緊縮主義に対して「インディグナードス」（怒れる者たち）と呼ばれる大規模な抗議行動が巻き起こり、デモ隊が各都市の広場を占拠しました。これに続いて米国でも、超格差社会に抗議する占拠運動《オキュパイ》が全土の大都市や大学のキャンパスにおいて同時多発的に広がり、富裕層への課税の再強化、緊縮路線の転換、高等教育の学費の引き下げや無償化などをうったえました。さらにこうした占拠運動・抗議デモは、南北アメリカ大陸各地やヨーロッパ各地にも波及し、まさに世界同時多発的なグローバリズムへの抗議運動が街頭やキャンパスを埋めつくしたのです。

このようなグローバリズムに対する世界規模の抗議運動と連動しつつ、二〇一〇年代の欧米先進諸国の政治状況には、二つの顕著な傾向がみられるようになりました。ひとつは、EU周辺部の国々から、EU中枢が主導するグローバリズムや緊縮主義路線に公然と異を唱え、ユーロ圏からの離脱も選択肢に掲げて財政のみならず金融政策においても独立性を標榜する新しい左派が、政治勢力として組織化されてきたことです。そのなかでもギリシアの急進左派連合（スィリザ）やスペインのポデモス、ポルトガルの左派ブロックなどは、政権を獲得または政権に参画するか、政権をうかがうまでに伸張しました。

もうひとつの傾向は、グローバリズムの進展のなかで経済的没落に怯える欧米諸国の中間層のなかに、外国人や移民に対する強烈なレイシズムや排外主義が高まってきており、これを背景として極右勢力がかつてない影響力をもつに至ったことです。周知のように、二〇一六年に起こった英国国民投票におけるEU離脱派の勝利や米国大統領選でのドナルド・トランプ候補の勝利は、こうした傾向を表す象徴的な事件でした。

日本社会でも二〇一一年の福島第一原発事故以来、原発の再稼働に反対する大衆行動が各地で高まり、二〇一二年には数万～十万人規模の群衆が首相官邸を取り囲みました。画期的なのは、一九八〇年代以降の日本の主流社会において忌避されてきた、異議申し立てのためにデモに行く／直接行動をとるというマインドが、はっきりと復権したことでした。

日本で二〇一一年以後に展開した原発再稼働反対運動、そして特定秘密保護法や新安保法など国家主義的な諸法制への抗議行動もまた、二〇一〇年から二〇一二年にかけて高まった世界的なグローバリズムへの大規模な抵抗運動と、間違いなく連動していました。ただし日本では、福島第一原発事故という固有事情があったとはいえ、街頭で大規模に展開したのは、国家主義的あるいは開発主義的な政策に対する抗議行動であり、緊縮主義やグローバリズムに対する抵抗ではありませんでした。また、世界各地の大学のキャンパスで教職員・学生をとわず多くの構成員が参加している、学費の高騰や大学経営陣の独裁化に対するまとまった抗議行動も、日本の大学ではほとんど見られない光景です。そして、新安保法制などへの抗議運動を背景としながら野党側の選挙協力は進展したものの、その野党側は緊縮主義に代わる経済政策や社会政策、特に社会保障・福祉の（再）構築とこれを支える一定程度の経済成長策や労働・教育政策について、明確な路線を打ち出すことができていません。

筆者が二〇一四年から一五年にかけて新安保法制に反対する集会やデモに何度か参加

していて違和感を禁じえなかったのが、野党組織や多くの市民運動団体が、「平和憲法を守るのか、戦争のできる国になるのか」といったスローガンを掲げており、主に中高年層の参加者がこれを支持する光景を、しばしば目にしたことです。そうしたスローガンは、冷戦体制下の日本国憲法体制を当然の前提とする一国平和主義のアジェンダであるように感じられました。実際に自分自身や家族が戦場で〈殺す／殺される〉状況に投げ出される可能性がある若い世代、とりわけ「格差」や「貧困」といった語彙に敏感な四十歳代以下の世代にとって、そうしたアジェンダはいかほどのリアリティを持ったのでしょうか。

また新安保法制に関しては、これまで政治的発信に積極的ではなく、むしろ保守派とみられていた多くの憲法学者が、安倍政権による日本国憲法体制の破壊に危機感を抱き、集会やデモの場に足を運んで積極的に参加・発言するようになりました。これは画期的なことでしたが、かれらが掲げた「近代立憲主義を守れ」というアジェンダが、戦場で〈殺す／殺される〉状況に投げ出される可能性がある人たちに対して、どれほど喫緊性をもった言葉として伝わったのかに関しては、筆者は疑問をもたざるをえませんでした。

新安保法制が強行採決された二〇一五年九月十九日は、「玉音放送」から七十年にあたる二〇一五年八月十五日のわずか一ヵ月後でした。「戦後七〇年」となったこの年には、アジア太平洋戦争の徴兵経験がある存命者の大多数が九十歳台になり、少年兵であったいちばん下の世代がおおむね八十五歳超となり、一九四五年時点で物心がついていた世代がほぼ八十歳以上になっています。本書第二部でも取り上げる硫黄島民の地上戦への被徴用者は、一九四四年の強制疎開当時で十六歳以上の男性であり、このうち十名が地上戦を生き延びましたが、現時点での唯一の存命者は、二〇一五年八月時点で九十一歳、二〇一六年末の時点で九十二歳になっています。冷戦体制下において、自衛隊施設や米軍施設が立地する地域を除いて非軍事化がかなり進んでいた日本本土の主流社会では、戦闘や軍事組織にかかわる体験や記憶は著しく希薄化しています。

軍事・戦争と貧困・傷病・障害の関係についてさえ忘却と無知が著しい、日本本土社会の〈冷戦ガラパゴス〉化は深刻です。一九九二年に前述のPKO枠での事実上の海外派兵が始まって四半世紀が経ちましたが、この間に陸上自衛隊が派遣されたイラクや南スーダンの内戦地域では、隊員にいつ死者が出てもおかしくない状況が続いてきました。集団的自衛権解禁の閣議決定以降、防衛大学校卒業者の任官拒否者数にとどまらず、高校新卒者を中心とする一般曹候補生への応募者数が相当程度減少している状況にあって、これまで医療系や科学技術系の専門職候補生に限定されていた自衛隊貸費学生制度が、非専門職に拡大される日も遠くないでしょう。多額の借金を背負うことなくして大学への進学が望めない若者にとって、集団的自衛権の解禁によって多国籍軍の前線で〈殺す／殺される〉状況に投げ出される事態は、すでにリアリティを持ち始めています。

二〇一五年の新安保法制強行採決の局面でも、一部地域では元自衛官が集団的自衛権反対のデモや集会に登場する場面がありましたが、二〇一六年に入ると、各地のデモや集会で元自衛官が海外派兵現場での戦闘死の可能性について口を開くようになり、現役自衛官が新安保法制は憲法違反であるとして防衛出動命令への不服従を宣言して国を提訴するなど、いくつもの重要な動きが展開し始めています。また若い世代に引っ張られる形で、野党や市民運動団体もようやく、「平和憲法」「戦争のできる国」といった従来のマスターワードを超えて、〈殺すこと／殺されること〉に言及するようになりました。

兵士として戦場で〈殺す／殺される〉可能性。研究者として軍事研究を通して〈殺す／殺される〉可能性。あるいは緊縮主義によって〈殺す／殺される〉可能性。レイシズムやヘイトクライムによって〈殺す／殺される〉可能性。わたしたちにはいま、グローバリズムと国家主義の嵐のなかで、それぞれの場所や立場において自らが〈殺さない／殺されない〉ための技法を隣人と共有し、さらに場所や立場の異なる他者とつながりながら、すべての人びとが差別や暴力、監視や恫喝からの完全な自由を保障される社会、すべての人びとが〈無理なく食べていける社会〉をどのように作っていくのかが、問われているのです。

本稿は、以下の①～③の記事を統合し、さらに元記事の原型をとどめぬほど大幅な加筆修正を施したものである。

①石原俊「インターディシプリンな歴史叙述」（講演採録、角崎洋平＋松田有紀子編『生

存学研究センター報告』一七号、立命館大学生存学研究センター、二〇一二年三月）
②福間良明＋野上元＋石原俊「「殺す／殺される」前に――戦争と社会の関係を理性的に考える素地を早急につくっておかなければならない『戦争社会学の構想』をめぐって」（座談会、『図書新聞』二〇一三年八月三十一日号）
③石原俊「群島の眼からアジア太平洋世界を眺める――「冷戦ガラパゴス」という現代日本人の意識構造『〈群島〉の歴史社会学』をめぐって」（インタビュー、『図書新聞』二〇一四年三月二十二日号）

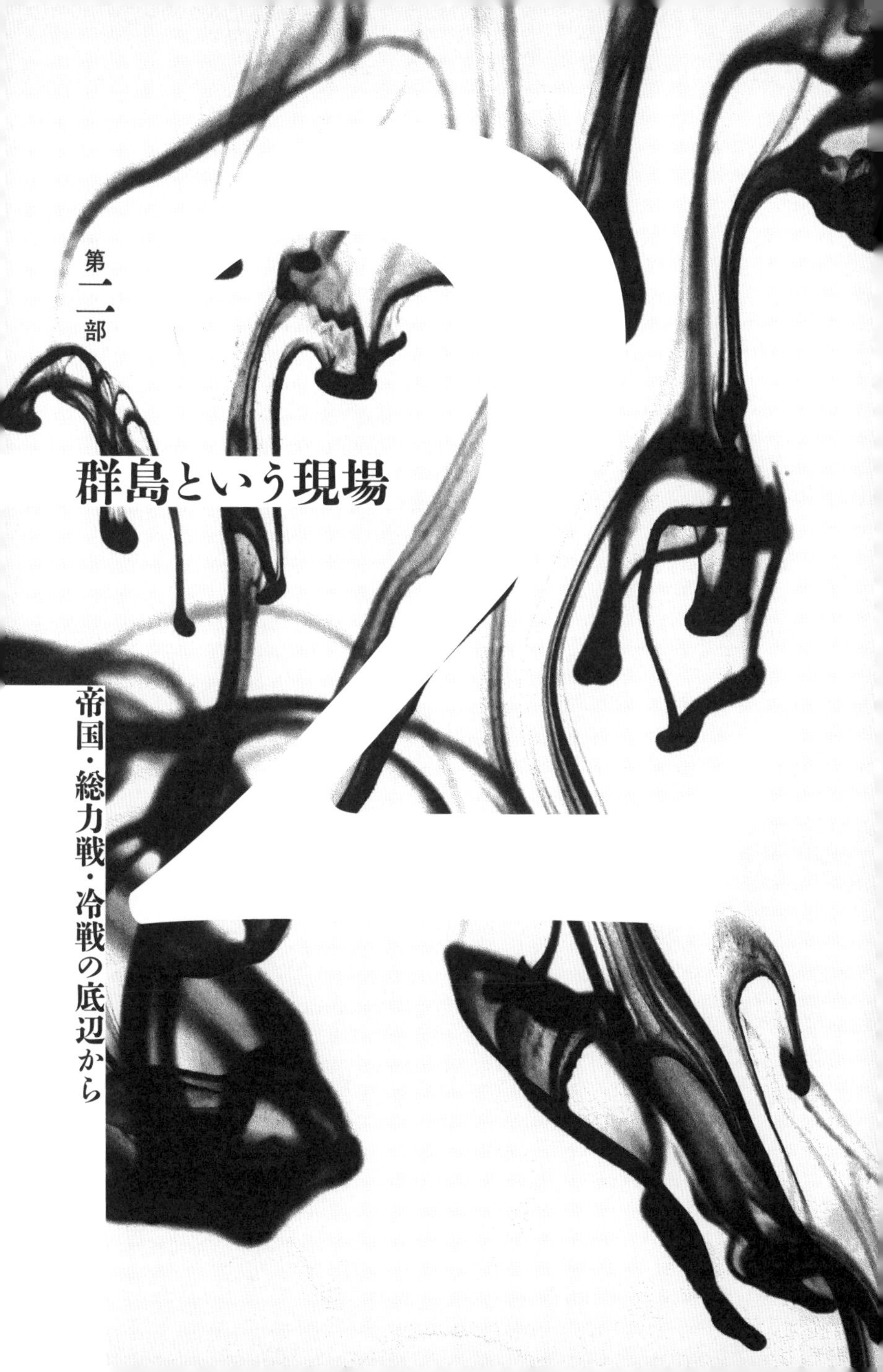

第二部

群島という現場

帝国・総力戦・冷戦の底辺から

一、世界史のなかの小笠原群島

小さな群島の大きな歴史経験

小笠原群島（英語名 Bonin Islands）は、東京都心から南方約一〇〇〇キロメートルの北西太平洋上に位置する父島とその周辺の島々や、母島、聟島、西之島とそれらの周辺の島々からなる群島である。父島は、ミクロネシアのマリアナ諸島最北端の有人島であるパガン島の北方約一〇〇〇キロメートル、サイパン島の北方約一四〇〇キロメートルに当たる。これらの群島は現在、すべて東京都小笠原村の行政区内に位置している。

昨今の日本国内で小笠原群島という名を聞いて多くの人が連想するのは、その「美しい自然」「珍しい自然」にまつわるイメージにちがいない。硫黄列島の南硫黄島を含む

「小笠原諸島」が二〇一一年に国連のユネスコ世界自然遺産に正式登録されたのは、この群島が世界自然遺産第一号のガラパゴス諸島などと同じく、大陸移動の過程で一度も大きな島（大陸など）とつながったことがなく、動植物の固有種が豊富に生息するためである。世界遺産登録を機に、小笠原群島の「自然」は、マスメディアで大きく取りあげられた。だが、アジア太平洋戦争以降の日本国内において、小笠原群島が近代世界のなかでたどってきた歴史経験は、この群島の施政権が米国から日本に返還された一九六八年前後の一時期を除いて、ほとんど注目されることはなかった。(1)

たしかに世界遺産登録以降、マスメディアにおいても、国際関係の観点から十九世紀の小笠原群島をめぐる「領有権問題」が取り上げられたり、小笠原群島に「欧米系」の先住者がいた／いることや、あのペリー提督（マシュー・ペリー）やジョン万次郎（ジョン・マン／中浜万次郎）が上陸したことが、「知られざるエピソード」として言及されたりする機会は増えた。(2) しかし、こうした報道の多くは、日本という国民国家の中心（東京）からの関心によって小笠原群島の歴史的エピソードを断片的に切り取るにとどまり、この群島に生きていた／生きている無名の人びとの社会史的経験を正面から扱おうとする媒体は、まだまだ少ない状態である。小笠原群島の「欧米系」島民たちをマスメディアが珍奇な対象としてやたらとクローズアップした一九六八年前後に比べれば、表面的な「報道被害」「人権侵害」ははるかに少なくなったが、歴史認識・社会認識の次元でマスメディア全体の報道姿勢が大幅に改善したとはいえないのである。(3)

日本併合前からの先住者コペペ（Kopepe）らが住んでいたとされる
父島の「コペペ海岸」（筆者撮影、2015 年）

本稿では、小笠原群島で生きていた／生きている人びとのいとなみが、近代の海洋世界における グローバリゼーション、とりわけ環／間太平洋世界（Trans-Pacific World）のグローバリゼーションと植民地主義のなかでどのような位置にあるのかについて、簡略ながら振り返ってみたい。

やや結論を先走るならば、地理的にはミクロネシアの最北端ともみなしうる、この北西太平洋の〈小さな〉群島の社会史的経験が、日本の「辺境」の島といった観点からは決定的に見落とされてしまう、〈大きな〉世界史的背景をもっていることを示してみたい。

2 帆船グローバリゼーションと移動民の自治

小笠原群島は十九世紀初頭まで、一時的な滞在者がいたことを除けば、長らく無人島であった。一八二〇年代に難破船から上陸した水夫二名が数年間住み着いていた事例があるが、組織的な入植は一八三〇年に始まる。この年、寄港する捕鯨船からの交易の需要をあてこんで、約二十五人の男女からなる移民団がハワイのオアフ島から父島に向かい、本格的な入植を開始した。この移民団は、ヨーロッパ出身者、北米出身者、ハワイの先住民などから構成されていた。

十九世紀前半から半ば頃の太平洋では、鯨油の需要を背景に、捕鯨業が最盛期を迎え

1826年に難破した捕鯨船から父島に上陸して2年ほど住み着いていた水夫たち。
1828年に父島に上陸した鳥類学者フリードリヒ・キトリッツの手になる石版画
（Lütke, Frédéric, Voyage autour du monde: Atlas, N. Israel, ［1835］ 1971.
小樽商科大学附属図書館蔵）

ていた。照明用燃料などに使われた鯨油は、当時の世界市場における主要商品のひとつであった。一八二〇年代に入ると、米国などを拠点とする捕鯨船の活動領域は北西太平洋に及ぶようになる。だが、幕藩体制下の島々やその属国である琉球への捕鯨船の寄港は困難であった。

そうした状況下で、捕鯨船が停泊可能な天然の良港（二見港／Port Lloyd）をもち、当時太平洋最大の捕鯨船の寄港地となっていたオアフ島のホノルル港からみて、北西太平洋の猟場への拠点として絶好の位置にあった小笠原群島の父島は、薪水食糧の補給地として脚光を浴びるようになる。こうして小笠原群島は、船乗りたちが渇望する野菜や果物などの生鮮食品や家畜家禽類を供給する寄港地として発展していったのである。

しかし、小笠原群島に上陸・移住した人びとは、当初から入植を目的としてこの島々にたどり着いた者ばかりではなかった。記録に残っているだけでも、寄港する船舶の過酷な労働環境に耐えかねて脱走した者、「病気」などを理由に船を降りた者、船長によって置き去りにされた者、あるいは乗っていた船が遭難して島にたどり着いた漂流者、そして島々の住民を組織的に勧誘・拉致して南太平洋のプランテーションに奴隷的労働力として供給する「ブラックバーダー」(blackbirder) と呼ばれた人身売買従事者（海賊）が住み着き(4)、あるいは先住者から貨幣・物品や女性を奪う掠奪者（海賊）も上陸するなど、じつに雑多な人びとが集まってきたことがわかっている。そしてまた、これらの立場は状況によって流動的であり、入植者であることは、逃亡者や漂流者あるいは掠奪者であることと、文字通り隣り合わせの状態であった。かれらのルーツも、当時の捕鯨船のグローバルな活動範囲を反映して多様であり、欧米諸地域をはじめ太平洋・インド洋・大西洋の島々など世界各地に及んでいる。

十九世紀の環／間太平洋世界には、外洋帆船（捕鯨船や商船）の労働過程への参入とそこからの離脱を繰り返しながら、船上と群島を転々と放浪する、「白人」の移動民《ノマド》が数多くいた。かれらは、「ビーチコーマー」（beach comber）あるいは「ショーラー」（shoaler）や「シーズナー」（seasoner）などと呼ばれていた。かれらのなかには、群島社会の王や首長に受け入れられ定住し続けた者もいたが、生計を維持できる間は島の住民に混じって過ごし、生計が立ち行かなくなると捕鯨船に雇われ、生計の目途がたつとふたたび捕鯨船から降りる、といった移動と寄留のサイクルを繰り返す者もいた。[5] 世界最高峰の捕鯨小説『モービィ・ディック（白鯨）』の著者ハーマン・メルヴィルも、太平洋を放浪していた若い時代は「ビーチコーマー」の一員に数えられることがある。

また、捕鯨船がリクルートした太平洋の島々の「原住民」は、「カナカ」（kanaka）と呼ばれていた。「カナカ」はもともとハワイ語で「人」を意味していたが、ホノルルが捕鯨船の寄港地として発展すると、捕鯨船がハワイ諸島でリクルートした「原住民」を指す言葉として使われるようになり、その後太平洋の島で捕鯨船に雇用された「原住民」一般を表すカテゴリーとなっていった。[6] さらに十九世紀後半になって「ブックラクバーディング」が全盛期を迎え、太平洋の先住民たちが故郷から引き離され環／間太平洋世界に底辺労働者としてディアスポラ化するなかで、環／間太平洋世界で奴隷的労働に従事する太平洋の先住民たちが「カナカ」と総称されるようになっていく。[7] 結局「カナカ」は、太平洋の「原住民」全般を指す侮蔑的な呼称として定着してしまうのである。

十六世紀から十八世紀まで、環／間大西洋世界に拡がった世界市場の前線を担った外洋帆船（商船など）の労働現場を底辺で支えたのは、世界最初期の「プロレタリア」（もたざる者たち）であった下層水夫＝移動民《ノマド》たちであった。かれらは帆船の収容所的環境と収奪的労働過程を生きぬくために、逃亡、サボタージュ、ストライキ、生産管理闘争――その究極形態が海賊になることであった――といったさまざまな抵抗の形式を編み出した。十九世紀に入って世界市場の前線が環／間大西洋世界（Trans-Atlantic World）から環／間太平洋世界（Trans-Pacific World）に移っても、その底辺を支える外洋帆船（捕鯨船など）の労働現場の収容所的・収奪的状況は継続していた。[8]

しばしば詐欺的な労働条件を示されて捕鯨船に乗り、二～五年という長期間にわたって船上で厳しい労働に従事させられていた「ビーチコーマー」「カナカ」ら下層水夫たちにとって、洋上の島々の寄港地は、帆船の収容所的な労働環境から一時的または半永久的に退出し、生を自主管理する可能性に開かれた場であった。[9]

特に小笠原群島は、その定住社会の始まりが北西太平洋・東アジアにおける近代の開始とほぼ重なっており、しかも帆船の労働現場から退出した人びとがわたりあうべき伝統的秩序の空白地帯であった。加えてこの群島は、定住社会が形成されてからも

1853年、父島の「カナカ」の先住者とペリー艦隊の船員たち。
艦隊の画家ヴィルヘルム・ハイネと写真家エリファレット・ブラウンの手になる石版写真。
（Hawks, Francis L.(ed.), *Narrative of the Expedition of an American Squadron to China Seas and Japan, Performed in the Year of 1852, 53 and 1854*, Vol.I, Senate Printer, 1856, p.205.
明治学院大学図書館蔵）

一八七〇年代までの約半世紀間、一時期を除いてどの国家のもとにも組み込まれることがなかった。そうしたなかで小笠原群島には、十九世紀の世界市場の波に乗って／巻き込まれて環／間太平洋世界に投げ出され、その最前線／最底辺である帆船の収奪的な労働現場に置かれていた「ビーチコーマー」や「カナカ」らが、世界市場や主権国家といった近代的諸秩序から自律する自治的な社会経済領域を作りあげていったのである。

すなわち小笠原群島は、十六世紀から十九世紀の四百年間、外洋帆船が牽引してきた海洋世界におけるグローバリゼーションの波が、帆船時代の最終期に到達した地点であると同時に、外洋帆船の収容所的秩序から退出して生を自主管理しようとする雑多な水夫＝移動民《ノマド》のいとなみが非常にはっきりと表れた、帆船グローバリゼーションの限界領域でもあった。

3 帝国の〈はけ口〉から農業入植地としての繁栄へ

だが一八七五年、徳川幕府から政権を奪取して間もない明治政府は、軍艦・明治丸で小笠原群島に官吏団を派遣した。官吏団は先住者に対して日本国家の法を宣言し、これへの服従を求めるとともに、「外国」からの移住をシャットアウトした。明治政府は翌一八七六年、欧米諸国に向けて小笠原群島の領有を宣言して事実上の併合を成功させる。そして、統治機関として設置された内務省小笠原島出張所とその後継機関である東京府小笠原島出張所の命により、一八八二年までに先住者全員が日本帝国臣民＝国民として帰化させせられていった。しかし、かれらは臣民＝国民となったにもかかわらず、日本当局から「帰化人」というカテゴリーで掌握され、特別な治安管理の対象とみなされた。近代日本国家が立ち上げられていく十九世紀後半、「北海道開拓」や「琉球処分」という名の占領・併合やそれに伴う先住者の帰化・国民化のプロセスと並行して、「小笠原島回収」という名のもとに小笠原群島の併合と先住者の帰化が進められたのである。

いっぽう一八七七年以降、北海道への入植政策をモデルとしつつ、日本政府の経済的補助によって本土や伊豆諸島などから小笠原群島への入植が始まった。ただし、小笠原群島の先住者（の子孫）たちは、近代北海道社会の最底辺層に組み込まれていったアイヌの場合とやや異なり、すくなくとも二十世紀初頭まで、経済的には本土からの移住者に比べて相対的に豊かであった。その理由は、先住者（の子孫）たちが小笠原群島を拠点に作り上げてきた自治的な経済活動が、北海道などの場合と異なって、近代日本国家によってただちに遮断されることがなかったからである。

たとえば内務省小笠原島出張所（一八八〇年から東京府小笠原島出張所、一八八六年から東京府小笠原島庁）は、領有宣言後も世紀転換期まで、小笠原群島に寄港する「外国船」乗組員が旅券を持たずに上陸することや、「外国人」船員と帰化した先住者（の子孫）たちが無関税で交易することを容認し続けた。また統治機関の黙認のもとで、多くの先住者（の子孫）たちは、北太平洋・オホーツク海・ベーリング海方面でラッコ猟やオットセイ猟に従事する外国船籍――主に米国籍・英国籍――の帆船に、銃手（射手）などとして季節雇用されることで、高額の報酬をえるようになっていった。こうした猟は多くが沿岸部や陸上における実質的な「密漁」であったが、出張所や島庁の官吏たちはそれを知りながらも、先住者（の子孫）たちの越境的行動を黙認し続けたのである。

このように小笠原群島の先住者（の子孫）たちは、国家の主権的な力とわたりあいつつ複雑な越境を展開し、自律的な経済活動と生計を再編・維持していった。現場の官吏たちも、場当たり的ともいえる法的対応を繰り返しながら、先住者（の子孫）たちが小笠原群島を拠点に培ってきた自治的な社会経済領域を、日本の主権的な力に繋ぎ留めようとしていったのである。

しかし、先住者の子孫たちのこうした越境的・自律的な行動は、二十世紀に入ると次々と規制されていく。一九一一年、近代初の本格的な野生生物保護条約である「猟虎及膃肭獣保護条約」（North Pacific Fur Seal Convention of 1911）が日米英露間で締結され、ラッコとオットセイの海上捕獲が全面的に禁止された。北米で原油の採掘が開始され捕鯨業が衰退した後も、ラッコ・オットセイ猟に生計の場を見出していた小笠原群島の先住者たちは、突如として生計の手段を絶たれ、その多くが零細な近海漁業従事者に転落していった。また、第一次世界大戦勃発に便乗した日本がドイツ領南洋諸島（赤道以北のミクロネシア）を占領したことで、日米の軍事的な緊張が高まると、小笠原群島への外国籍船舶の自由な寄港もシャットアウトされていく。こうして先住者の子孫たちが主導して

強制疎開前の父島の先住者とその住宅（撮影者・撮影年不詳）

きた越境的な交易活動も、ほぼ不可能になってしまった。

戦間期の一九二〇年代になると、十九世紀の間は小笠原群島の社会で経済的上〜中層に位置していた先住者の子孫の多くが、貧困層に転落していた。これに追い打ちをかけるように、父島に日本軍の要塞が設置され、実質的な軍政が導入されると、「帰化人」とその親族は陸軍父島要塞司令部によって潜在的「スパイ」とみなされ、ますますきびしい治安管理と監視の対象になっていったのである[10]。

いっぽう、十九世紀末から世紀転換期かけて、小笠原群島の人口は増加していった。表1[11]からも読み取れるように、特に一八八〇年代後半から九〇年代にかけては人口が急増している。これはサトウキビ栽培と製糖が主産業として定着し、安定した営農の基盤が形成されたからである。こうして小笠原群島は、近代日本の南方に向けた過剰人口の最初の〈はけ口〉となり、また日本帝国の「南洋」入植・開発事業の端緒ともなっていったのである。

一九二〇年代後半の国際糖価暴落は、小笠原群島にも少なからぬ影響を及ぼした。よく知られているように、同じく糖業モノカルチャー経済のもとに置かれていた沖縄の農民の多くは「ソテツ地獄」と形容されるような極度の困窮状況に陥り、沖縄から本土の大都市圏や南洋群島、さらにはハワイやラテンアメリカ方面に向けて、大規模な人口流出が生じていた。同様に、小笠原群島の糖業農民のなかにも、生計に困窮して南洋群島方面へ移住する人びとが一次的に増加した[12]。

表1：小笠原群島の人口の推移

年	1875	1880	1885	1890	1895	1900	1905
人口	71	357	531	2,004	4,018	5,550	3,899
年	1910	1915	1920	1925	1930	1935	1940
人口	4,521	5,261	5,546	5,818	5,742	6,729	7,361

だが一九三〇年代に入ると、小笠原群島の農民の多くは、糖業からトマト、カボチャ、キュウリ、ナス、トウガン、スイカなどの蔬菜栽培に比重を移し、農業生産を多角化することによって、この危機を乗り切っていった。温暖な気候を利用した蔬菜の促成栽培と冬期京浜市場への出荷によって、「カボチャ成金」と呼ばれるほど豊かな農民が続出し、この群島は空前の経済的繁栄を迎えることになる(13)。

第一次世界大戦で日本軍がドイツ領南洋諸島を占領したことによって、大型蒸気船が寄港可能な小笠原群島の父島は、本土―ミクロネシア間における中継地点としての軍事的・経済的意味を帯び始めていた。大戦終結後のヴェルサイユ体制下、旧ドイツ領南洋諸島が日本の国際連盟委任統治領に移管され、南洋群島と称されるようになると、海軍省は日本郵船に命じて、横浜・横須賀―父島―サイパン―トラックを往復する「南洋航路」を就航させた。「南洋航路」はその後、寄港地・便数ともに拡充の一途をたどり、一九三〇年代には門司・神戸・大阪・横浜―父島―サイパン―テニアンを往復する定期便が年十七航海にもおよんだのである。小笠原群島が蔬菜の冬期栽培と本土への移出による経済的繁栄を遂げたのは、父島が日本帝国の「南洋」における交通の拠点になったことが背景にある。

しかし、以上のような小笠原群島の要塞化・軍事拠点化とそれに伴う経済的繁栄は、この群島の住民が、日本帝国の総力戦の〈捨て石〉として扱われる結果をもたらしてしまうのである。

4 総力戦の〈捨て石〉へ

アジア太平洋戦争末期、日本軍から南洋群島を奪取しつつあった米軍は、日本軍飛行場を有する硫黄島の奪取を計画し、続いて沖縄諸島への侵攻を目指していた。いっぽう、いわゆる絶対国防圏を失いつつあった日本軍大本営は、米軍の本土侵攻経路として、台湾→八重山諸島→宮古諸島→沖縄島→奄美諸島ルート、大東諸島→沖縄島→奄美諸島ルート、硫黄島→小笠原群島→伊豆諸島ルートなど、いくつものパターンを予測し始めていた。南洋群島のマーシャル諸島に米軍が侵攻し始めた一九四四年二月以降、大本営は南方の離島群において、住民の大多数を強制疎開させた形式での地上戦を計画した。

その結果、大東諸島、宮古諸島、奄美諸島、小笠原群島、硫黄列島、伊豆諸島などでは一九四四年四月以降、徴用の対象となり島に残留させられた青年男性を除く住民が、順次本土方面へ――一部は日本の他の離島や台湾などへ――強制疎開させられていった。

アジア太平洋戦争の敗北の過程で、日本軍は小笠原群島を含む日本の南方離島群を、本土防衛と「国体護持」の時間稼ぎを目的とする地上戦に利用しようとしたのである。

一九四四年六月に入ると、マリアナ諸島を拠点とする米軍機が小笠原群島・硫黄列島に対して大規模な空襲をおこなうようになった。こうした状況下で、第一〇九師団長（小笠原兵団長）の栗林忠道は陸軍大臣に対して、小笠原群島・硫黄列島の非戦闘員の「引揚」を具申し、その結果六月二十六日には東京都長官が東京都小笠原支庁長に「引揚命令」を発動した。最終的に強制疎開の対象になったのは、一九四四年四月から七月までの約四カ月間合計で、小笠原群島民六四五七名のうち五七九二名と、硫黄列島民一二五四名のうち一〇九四名であった。かれらは、携行を許されたわずかな荷物を除いて、島で築いてきた財産と生業・生活の基盤のすべてを放棄させられたのである。

小笠原群島・硫黄列島からの疎開者のうち、右の東京都長官による「引揚命令」以前にも、二一〇四名の疎開者があった。これは「希望による」疎開であって強制疎開でないとする向きもあるが、[15] すでに大本営は一九四四年二月段階で、小笠原群島・硫黄列島を本土防衛のための前線として使用する作戦計画を策定しており、その意を呈した陸軍当局が小笠原村役場と警察に対して住民の疎開を内々に勧告していたのであるから、六月二十六日以前の疎開も含めて全島強制疎開と表現するほうが適切である。[16] 実質的にこれは強制追放であり、かれらは難民《ディアスポラ》となったのである。

本土に疎開した島民たちは、関東地方を中心に身寄りを頼って離散していった。しかし先住者の子孫たちは、本土に身寄りがない人が多く、東京・練馬の施設に住み軍需工場で働きながら生活することを余儀なくされた。練馬の市街地が大規模な空襲に遭った後、かれらの多くはさらに埼玉県武蔵嵐山方面に疎開したが、「顔が変わっている」とみられ食べ物を売ってもらえなかったり、なかには不時着した米軍機から降りてきた米兵と間違えられ、近隣住民からリンチを受けそうになったりする人もいた。(17)

他方、小笠原群島に住む十六歳から六十歳までの男性の多くは、強制疎開の対象からも除外され、軍属として徴用された。島民の軍属としての残留者数は、父島で四八七名、母島で一七八名おり、他に地上戦開始前に硫黄島から父島に移動させられた硫黄島民の軍属が五七名いた。(18)

先住者の子孫のなかからも男性五名が、臣民の一員として徴用の対象となり、父島に残留させられた。この五名のうち四名が日本の敗戦まで生き延びたが、(19)そのなかの一名が二〇〇九年まで存命であった。そのジェフレー・ゲレーさん——一九四一年に陸軍要塞司令部当局によって改姓名させられた後の戸籍名は野沢幸男——の晩年の十年間、筆者は幾度も話を聴く機会に恵まれた。

一九二四年に父島で生まれたジェフレーさんは、一九四四年にまず海軍の工員として徴用され、強制疎開の対象から除外された。この時期にジェフレーさんは、「顔が変わっている」ことを理由に、所属する部隊内で上官から激しい虐待を受け、空襲のたびに人間の盾のようにして壕の外で「柱に縛っておかれた」。その後ジェフレーさんは海

生前のジェフレー・ゲレー（野沢幸男）さん（筆者撮影、2007 年）

軍の二〇九設営隊に配属され、何とか敗戦まで生き延びることができた。だが米軍による武装解除後、本土へ引き揚げる米艦上で、ジェフレーさんは二〇九設営隊での上官にあたる元日本軍下士官から、次のような話を打ち明けられた。それによれば、ジェフレーさんが米軍による戦犯裁判の協力者になることを恐れた父島駐留軍幹部らが、「野沢の処分」＝処刑を検討していたという[20]。

小笠原群島では、強力な要塞が構築されていたこともあって米軍が地上戦を回避したため、日本軍将兵のなかに硫黄島や沖縄島のような規模での死者は出なかった。米軍統合参謀本部は国内世論対策上、硫黄島の地上戦で七〇〇〇名近い死者を出した後、さらに大規模な犠牲者を出しかねない作戦を遂行できなかった。また、父島の日本海軍洲崎飛行場は滑走路が短く、硫黄島の飛行場に比べて軍事的機能がはるかに低かったため、米軍は硫黄島さえ奪取してしまえば、北西太平洋の制空権をほぼ百パーセント確保できた。しかし、父島・母島駐留軍を標的とする激しい空襲によって、徴用された島民を含む多くの従軍者の命が奪われ、両島の主な街地もほぼ破壊された。父島で軍務に従事させられた父島および硫黄島の島民五四四名のうち戦病死者は三三名、母島で軍務に従事した島民一七八名のうち戦病死者は一一名であった[21]。

日本帝国はアジア太平洋戦争の敗北の過程で、南方の離島の人びとに、移住による難民化か、軍務への参加か、いずれかの方法で総力戦の〈捨て石〉となるよう迫った。小笠原群島の住民も、強制疎開＝故郷追放か、軍務への動員か、いずれかの方法で本土防衛の〈捨て石〉になることが求められたのである。

5　冷戦の〈捨て石〉から世界自然遺産へ

日本の敗戦後、日本帝国の「南洋」はほぼ米国の勢力圏となった。小笠原群島・硫黄列島などは、旧南洋群島とともに、米軍統合参謀本部の指示のもとで海軍太平洋艦隊最高司令官が管轄する軍事占領下に置かれ始めた[22]。

強制疎開の対象になった大多数の島民は、引き続き本土にとどめ置かれていた。小笠原群島で武装解除された旧日本軍将兵は、戦犯容疑者としてサイパン島などに抑留された者を除き、一九四五年十一月から翌年一月にかけて米軍によって本土に移送された[23]。この移送は、本土出身の将兵にとっては「復員」を意味したが、島民の被徴用者にとっては故郷から引き離されることを意味していた。

こうして小笠原群島は旧日本軍将兵も島民もほぼいない状態になったが、一九四六年十月、米国国務省・陸軍省・海軍省三省調整委員会（SWNCC）は、一八七六年の日本による併合以前から小笠原群島に居住していた先住者の子孫とその家族にかぎって、父島への再居住を許可する特例措置を決定し、これに応じた一二六名が帰島を果たした[24]。米国・米軍は、日本帝国下の小笠原群島で「帰化人」と呼ばれていた先住者の子孫たちが、アジア太平洋戦争期に島の社会のなかで受けていたレイシズムを、利用・逆用したことがうかがわれる[25]。

帰島を認められなかった残りの小笠原群島民は、同様の境遇に置かれた硫黄列島民とともに、一九四七年七月に島民大会を開催して小笠原島硫黄島帰郷促進連盟を結成し、帰島・再居住の実現を求めてＧＨＱや米国に対する組織的運動を開始した[26]。だが折からのハイパー・インフレーションも災いして、多くの島民が生業の基盤のない本土での生活に困窮していった。一九五四年二月に衆議院外務委員会に参考人として招致された帰郷促進連盟常任委員の藤田鳳全が強い調子で証言するように、小笠原群島民・硫黄列島民のすべての経済階層において、強制疎開後の十年間に資産や所得がすさまじく下降していった。藤田によれば、小笠原群島民・硫黄列島民のうち帰郷促進連盟が把握できた範囲だけでも、一九五三年までに「生活苦のために異常死した者が一四七名」おり、「そのうち一家心中、親子心中が一二件で、合計一八人含まれて」いた[27]。

一九五一年九月、朝鮮戦争下で東アジアの冷戦状況が激化するなか、サンフランシスコ講和条約が日米安全保障条約とセットで締結された。この講和条約には、日本が米国を含む連合国から再独立の承認を得ることと引き換えに、米軍占領下にあった沖縄諸島・奄美諸島などの「南西諸島」や小笠原群島・硫黄列島（火山列島）などの「南方諸島」を、引き続き米国の軍事利用のために自主的に貸与するという、実に奇妙な条文が含まれていた。

第三条　日本国は北緯二九度以南の南西諸島（琉球諸島及び大東諸島を含む。）、孀婦岩の南の南方諸島（小笠原諸島、西之島及び火山列島を含む。）並びに沖の鳥島及び南鳥島を合衆国を唯一の施政権者とする信託統治制度の下におくこととする国際連合に対する合衆国のいかなる提案にも同意する。このような提案が行われ且つ可決されるまで、合衆国は、領水を含むこれらの諸島の領域及び住民に対して、行政、立法及び司法上の権力の全部及び一部を行使する権利を有するものとする。

この第三条の奇妙な文言と、日本がこれらの島々に対する「残存主権／潜在主権」(residual sovereignty)を保持するというジョン・F・ダレス国務長官の「発言」は、これらの島々の住民が自分たちの未来に関して政治的自己決定権を行使する機会を最小限に封じ込めるための、非常に巧妙な法的操作であった。[28]「南方諸島」の島民は、「南西諸島」の島民などとともに、日本の総力戦体制の〈捨て石〉にされただけでなく、冷戦体制と日本の再独立の〈捨て石〉にもされたのである。

環／間太平洋世界が名実ともに〈アメリカの湖〉と化していくなかで、父島には硫黄島とともに秘密裏に核弾頭が配備され、小笠原群島・硫黄列島は米軍の核ネットワークの重要地点として位置づけられていく。[29]父島へ帰島していた先住者の子孫たちは、父島に建設された米海軍施設の従業員として雇用され、生計を立てるのに十分な給与を得るようになった。米海軍は、軍人・軍属のために整備したインフラを帰島者にも使用させ、光熱水費を極端な低額に抑制し、医療も無償で利用させた。だが、米国はこのような生活の保障と表裏一体に、着々と父島の秘密基地化・核基地化を進めていたのである。[30]

いっぽう、引き続き帰島を拒まれ、事実上難民化させられた本土系の小笠原群島民は、硫黄列島民とともに、日米両政府に対して帰島運動と補償運動を展開していく。だが、日米両政府などから拠出された補償金の配分をめぐって島民の間に深刻な対立・分断が生まれるなど、難民化させられた被害者側である島民が、難民化にともなう矛盾を一身に背負わされる事態となった。[31]

屋嘉比収が指摘したように、アジア太平洋戦争後の東アジアは、米国が主導する冷戦体制のなかで、日本の旧併合領であった朝鮮半島が「戦場」となり、同じく日本の旧併合領であった台湾が軍事的前線に置かれ、日本が米国に貸与した沖縄が「占領」下に置かれるなか、日本本土が民需主導型の「復興」を果たすという、徹底的に不平等な配置に貫かれた空間であった。[32] この視点は、狭義の東アジアにとどまらず、住民が長期難民化を強いられた小笠原群島・硫黄列島を含む、〈アメリカの湖〉としての環／間太平洋世界に拡張されるべきだろう。

すなわち「戦後」のアジア太平洋は、軍事的前線に置かれた朝鮮半島や台湾、軍事占領下に置かれ住民が基地社会化や難民化を強いられた沖縄諸島や小笠原群島・硫黄列島、軍事利用下に置かれ住民が基地社会化・難民化や核実験による被曝地帯化を強いられたミクロネシア、そして経済的復興に向かう日本本土、以上のような状況が相互に連関し

米海軍占領下の父島における軍人と島民
（撮影年・撮影者不詳　小笠原村教育委員会蔵）

つつ共在する、コロニアルな冷戦空間であったといわねばならない。そうした冷戦空間のなかで、小笠原群島民は、〈日米合作〉の難民化とそれにともなう矛盾を押しつけられたのである。

一九六八年、小笠原群島・硫黄列島の施政権が日本に返還され、父島に駐留していた米海軍も撤退した。一九四四年の強制疎開から四半世紀近くにわたって帰郷が許されなかった小笠原群島の本土系住民（の子孫）にも、ようやく父島・母島での居住が認められた。しかし、軍事占領と難民化によって長らく失われていた島民の生業や産業の基盤を再構築することは容易ではなく、特に強制疎開前の小笠原群島で最大の産業であった農業の復興は困難をきわめた。

日本政府・東京都は小笠原群島の施政権返還に先立って、先住者の子孫である米軍占領下の帰島者とその家族――行政用語では「在来島民」――のうち、希望者全員が公務員または公共部門（電力会社・ガス会社など）の従業員として雇用されるよう手配していた。そして、強制疎開前の本土系住民とその家族にあたる新たな帰島者――行政用語では「旧島民」――の多くも、小笠原諸島復興特別措置法に基づく日本政府の開発政策のもとで、公務員や建設業を中心とする公共事業関連に就労先を求めざるをえなかった。こうして施政権返還後の小笠原群島では、労働市場が第三次産業に著しく偏った産業構造が形成されることになった。

ただし、島民の生活と生業を徹底的に破壊した、総力戦体制下の強制疎開と冷戦体制

1909年に建設され米海軍・米国聖公会の援助を得て
1968年10月に再建された日本聖公会小笠原聖ジョージ教会
（筆者撮影、2007年）

下の難民化という多大な人間的犠牲が、施政権返還後のこの群島の経済活動に皮肉な形で「幸運」をもたらした側面もある。すなわち、四半世紀にわたって大多数の住民が追放されており、また米占領軍が父島の米軍施設周辺以外の開発に手をつけず小笠原群島の自然環境を放置したために、陸上生物が独自の進化系統をたどってきたこの島々の生態系が大きく損なわれず、結果として一九九〇年代以降にエコツーリズムを核とする観光関連業が発達する基盤が整っていたことである。世界自然遺産登録の実現も、総力戦体制下と冷戦体制下で多大な犠牲を強いられてきた島民の歴史経験と無関係ではないのである。

6 群島のグローバルヒストリーのために

以上、簡略ながらみてきたように、北西太平洋・東アジアの近代の開始とともに定住社会が形成された小笠原群島は、すでに伝統的な社会制度や前近代的な国家体制が存在した世界の多くの島々と異なり、海洋世界のグローバリゼーションの前線における名もなき人びとのいとなみが、非常にクリアーなかたちで表れた自治空間であった。その後も小笠原群島で生きた人びとは、環／間太平洋世界におけるグローバリゼーションと植民地主義の前線に置かれ続け、世界市場・主権国家・国民国家といった近代的装置の波に巻き込まれながら、あるいは帝国・総力戦体制・冷戦体制の底辺で翻弄されながら、

父島・二見港に停泊する定期旅客船「おがさわら丸」
（筆者撮影、2007 年）

生きのびるために、あるいは自分たちの生を少しでも自主管理するために、格闘を重ねてきた。

わたしたちは、小笠原群島の人びとがたどってきた歴史経験を、たんなる珍奇なエピソードとして特殊化することも、日本の辺境の一事例として一般化することも、やめなければならない。世界自然遺産登録以後、いまわたしたちに求められているのは、世界史のなかで小笠原群島が置かれてきた特異かつ普遍的なバックグラウンドと、この群島で生きてきた／生きている人びとが近代世界のなかでたどってきた劇的だが複雑な経験、すなわちすべての住民が移住者とその子孫であるこの群島を〈故郷〉とする人びとの重層する経験を、正面から捉えていくことであるだろう。

本稿は、以下の①をベースとしつつ、適宜②③を参照して加筆修正をおこなったものである。

①石原俊「世界史のなかの小笠原諸島（Bonin Islands）——小さな群島からのグローバルヒストリーに向けて」（ウェブマガジン『α-SYNODOS』一三七号、二〇一三年十二月）

②石原俊「小笠原-硫黄島から日本を眺める——移動民から臣民、そして難民へ」（『立命館言語文化研究』二三巻二号、立命館大学国際言語文化研究所、二〇一一年九月）

③石原俊「小笠原諸島の近代経験と日本」（『科学』九四八号、岩波書店、二〇一一年八月）

二、硫黄島、戦後零年

■「戦後七〇年」の帰郷

二〇一五年六月十三日朝、筆者は東京・竹芝港から小笠原群島の父島・二見港に向かう「おがさわら丸」の船内にいた。「おがさわら丸」は通常、竹芝・父島間の約一〇〇〇キロメートルを二十五時間かけて結ぶ定期旅客船であるが、年に一度、小笠原村が主催する硫黄島訪島事業のチャーター便に変わる。この便は父島で一般の旅客を全員降ろした後、改めて硫黄島（中硫黄島）と北硫黄島の島民（旧島民）などを乗せて、父島からさらに南方に位置する硫黄島に向かうことになっていた。[1]

北硫黄島・硫黄島・南硫黄島などからなる硫黄列島（火山列島／Volcano Islands）の中心に

位置する硫黄島は、東京都心から南方に約一二五〇キロメートル、小笠原群島の中心である父島から南南西約二八〇キロメートルに位置する火山島である。日本本土よりもマリアナ諸島に近接しており、硫黄島からサイパン島までの距離は約一一〇〇キロメートルである。現在北硫黄島は無人島であり、硫黄島は全島の陸地面積の約半分が海上自衛隊の直接管理下に置かれている。北硫黄島は硫黄島の北方約七五キロメートル、父島の南南西約二〇〇キロメートルに位置する。硫黄島と同様火山島であるが、硫黄島と異なって近年は火山活動の兆候はない。南硫黄島は断崖に囲まれた山岳島で住民の居住がそもそも困難なうえ、現在は日本政府によって全島が天然記念物および原生自然環境保護地域に指定されており、学術調査以外での意図的な上陸は認められていない(2)。

筆者が参加した硫黄島訪島事業は、東京都が日帰りで実施している年二回(春・秋)の航空機による墓参事業とは別途、硫黄島民とその子孫や地上戦の戦没者遺族らに――本人または親族の――出身部落跡や所属部隊跡を訪問する機会を提供する目的で、一九九五年から小笠原村が独自に実施している三泊四日の事業である。三泊のうち二泊は往路・復路の「おがさわら丸」船内泊であった。

硫黄島訪島事業参加者の主な構成は、小笠原群島(父島・母島)在住の硫黄島民(一世～四世)、本土在住の硫黄島民(同)、本土出身の硫黄島地上戦の生還者と戦没者遺族から構成される硫黄島協会のメンバー、小笠原村立父島中学校・母島中学校の二年生の生徒と教員、そして父島・母島に住民票を置く小笠原村民の希望者から抽選で選ばれた人

薄明の硫黄島
（筆者撮影）

たちである。そのほか、来賓待遇の数名、事前に取材申請が認められたマスコミ関係者、そして事業のサポートを担う小笠原村議会議員や村役場職員が参加する。今回の訪島事業に研究者として参加を申請し認められたのは、筆者のみであった。

筆者は前世紀末頃から小笠原群島に通い、十九世紀に世界各地からこの群島に集まってきた人びととその子孫たちが、近代日本国家のなかでどのような歴史的経験をたどってきたのかについて調査研究を進めてきた(3)。その後、二〇一一年の「小笠原諸島」のユネスコ世界自然遺産登録を契機として、この群島の歴史的経験に日本社会もいくらかの注意を寄せるようになった。

だが小笠原群島の傍らで、硫黄列島民の社会史的経験はあまりにも知られていない。筆者が硫黄列島に本格的な関心を持ち始めた二〇〇〇年代末頃、国際関係論・日米関係史の文脈からの議論を除いて(4)、硫黄列島史についてまとまった叙述がある著書や学術論文はほとんど存在しなかった。特に島民の社会生活に関する学術的研究は、敗戦前に硫黄島で地理学者がおこなった現地調査報告を別として(5)、日英両語ともに皆無に等しい状況であった。

筆者もこの現状に研究者として危機感をいだき、少しずつ調査や執筆を進めてきた(6)。それでも、硫黄島の強制疎開七十周年にあたる二〇一四年から「戦後七〇年」にあたる翌二〇一五年にかけて、それまで日本国民の大多数から忘れられていた硫黄列島民の存在が、マスメディアによって取り上げられるようになった。こうした動向と並行して近年ようやく、厚生労働省や小笠原協会、全国硫黄島島民の会などの関係機関・団体が、島民の生活史を記録するプロジェクトを始動させている(7)。二〇一六年には、全国硫黄島島民の会が硫黄列島史のブックレットである『硫黄島クロニクル――島民の運命《さだめ》』を刊行し、筆者はその監修を担当した(8)。

2 そこに社会があった

父島に向かう「おがさわら丸」の船内には、硫黄島民や硫黄島協会のメンバーが多数乗り込んでいた。筆者は船内で、全国硫黄島島民の会の現会長である寒川蔵雄さんから、同会の名誉会長(前会長)である山下賢二さんを初めて紹介された。今回の訪島事業に参加する、本土および小笠原群島在住の硫黄島民計三八名のうち、強制疎開前の硫黄島・北硫黄島に在住経験がある島民一世は、高齢化のため三八名の半数よりはるかに少ない人数であった。さらに、強制疎開前の島の生活について一定の明瞭な記憶をもつ八十歳以上の島民一世は、山下さんを含め、ごく数名にすぎない状況であった。山下さんは初対面の筆者に、船中で一時間以上、ほとんど途切れることなく話し続けた。

山下さんは一九三〇年一月に硫黄島の南部落に生まれ、一九四四年の強制疎開まで島で育った。生家は漁業と水産加工業を生業としており、父親はカヌーでトビウオ漁やムロアジ漁などの近海漁業に従事し、加工場では家族総出でトビウオを干物に、ムロアジをムロ節に加工していた。硫黄島近海では、春季から夏季にかけてトビウオ漁が、夏季から冬季にかけてムロアジ漁が盛んであった。そのほか、夏季から秋季にかけてマグロ漁・サワラ漁もおこなわれていた。(9)

また、山下さんの生家では豚を四頭飼っていたが、エサとしてタコノキの実、カボチャ、サツマイモなどを食べさせていたので、肉がたいへん甘かったこと。そのため、本土への強制疎開後に豚肉を食べたとき、「豚の味がしない」のでびっくりしたこと。数百羽の鶏を放し飼いにしていたが、夜になると家に戻ってくるか近所の木に留まって眠っていたこと。小学生のとき、学校で朝十時半頃にサツマイモを地面に埋めておくと、十一時半頃からの昼食の時間帯には地熱で蒸けていたこと。八十五歳の山下さんは、これらのエピソードを筆者に一気に語った後、「陸軍が入ってくる昭和十九年〔=一九四四年〕のはじめまでは、ほんとうによい島でした」とつぶやいた。

硫黄列島は十九世紀末から農業を中心とした入植地として発展し、一九四四年の強制疎開まで約半世紀にわたって住民生活がいとなまれていた。筆者がかつて論考のタイトルで述べたように、「そこに社会があった」のである。(10)

一八七六年に小笠原群島(父島・母島など)の併合に成功した日本政府は、世界各地にルーツをもつ先住者を帰化させるとともに、この群島に本土から入植者を送り込み始めたが、その後も硫黄列島はしばらくの間、無人島の状態に置かれていた。だが一八八〇年代後半に起こった近代日本初の南進論の高揚を背景として、硫黄列島は鳥島や大東諸

表2：硫黄列島の人口の推移

年		1895	1900	1905	1910	1915	1920	1925	1930	1935	1940	1944
硫黄島	世帯	1	1	8	52	129	169	196	-	-	184	216
	人口	6	30	43	246	679	983	1,144	1,028	1,065	1,051	1,064
北硫黄島	世帯	-	-	36	37	43	33	17	-	-	21	17
	人口	-	-	179	169	212	179	75	124	92	103	90

島——当時の大東諸島は沖縄の一部というより「南洋」の一部と認識されていた[11]——などとともに、小笠原群島に続く日本帝国の初期「南洋」開発のターゲットとなっていく。

一八九一年九月、日本政府は勅令によって硫黄列島の領有を宣言し、父島の東京府小笠原島庁の管轄下に置き始めた。翌一八九二年から硫黄島で硫黄採掘を目的とした本格的な開発が開始され、一八九八年には石野平之丞らによって北硫黄島の開発も着手される。

二十世紀に入ると硫黄列島にはサトウキビ栽培・製糖を軸とする農業経済が定着し、表2[12]のように一九一〇年前後から入植者数が急増した。硫黄列島の入植者には、本土や伊豆諸島からの移住者のほか、小笠原群島からの（再）移住者も少なくなかった。

一九二〇年代半ばに国際市場糖価が下落すると、硫黄列島の農業生産は糖業モノカルチャーからの多角化が進められていく。その結果、コカインの原料となるコカ、香水の原料となるレモングラス、農業用殺虫剤の原料となるデリスといった、希少作物の栽培と精製が本格化し、また本土市場に移出される蔬菜類の栽培も拡大した[13]。一九四四年の強制疎開直前の時点で、硫黄島民一一六四名中五八二名、北硫黄島民九〇名中三三名が、農業を主たる生計手段とする世帯に属していた[14]。北硫黄島ではコカの栽培はおこなわれなかったが、硫黄列島全体でのコカの移出額は、一九三〇年代に入ると砂糖の移出額を上回っていく[15]。

ただし、入植者の過半が自作農であった小笠原群島とは異なり、硫黄列島は大東諸島などと同様、入植者の大部分が拓殖会社またはオーナー一族の小作人(兼従業員)の地位に置かれていた。硫黄列島の社会経済を支配していた拓殖会社は、久保田拓殖合資会社(一九一三年設立)、それを買収した硫黄島拓殖製糖会社(一九二〇年設立)、その後身の硫黄島産業株式会社(一九三六年社名変更)であるが、これらの拓殖会社は、硫黄列島における移入・移出物資の流通ばかりか、小学校や警察署の運営までをも担っていた。拓殖会社の系列資本が島外からの商品(生活必需品を含む)の仕入れを一手に掌握し、高額な末端価格を設定する状況のなかで、硫黄列島の小作人たちは、大多数が恒常的な債務超過に陥っていた。

その意味で硫黄列島は――大東諸島とともに――、島という閉鎖的な空間を利用して拓殖会社が小作人の生産と消費を支配するプランテーション型入植地、すなわち大日本帝国憲法体制下の内地の範疇でありながら事実上コロニアルな異法域だったのである。一九三〇年代には、こうした収容所的な支配に抵抗する硫黄島小作人組合が結成され、じっさいに小作争議も生起している[16]。

摺鉢山からみた南海岸の米軍上陸地点
(筆者撮影)

他方で、山下さんの生家のように漁業を主たる生計手段とする世帯は、一九四四年四月の強制疎開直前の時点で、硫黄島で七世帯四四名、北硫黄島で八世帯四八名であった(17)。また、筆者がこれまで強制疎開前の生活経験の記憶をもつ島民十数名にインタヴューを実施したかぎりでは、拓殖会社の小作人や従業員であっても、採集・漁業・農業・畜産にわたるインフォーマルな生産活動は黙認されていたという。かれらは温暖な気候にも助けられ、こうした自治的な生産活動によって食料の困窮からは免れていた(18)。

一九三二年、硫黄島に海軍の硫黄島飛行場が着工された。当時はまだワシントン海軍軍縮条約が有効であり、同条約によって硫黄列島の軍事施設も不拡充・現状維持の対象に含まれていたため、硫黄島飛行場は「東京府第二農場」と称して着工された。だが一九四一年末の対米英蘭開戦後も、陸軍の強力な要塞が築かれていた小笠原群島の父島などに比べれば、硫黄島の軍事化の進展は鈍かった。山下さんも「昭和十九年のはじめ」が転機であったと語るように、硫黄島の軍事化が進展したのは、南洋群島のマーシャル諸島に米軍が本格的に進攻した一九四四年に入ってからのことであった。いっぽう北硫黄島には、強制疎開以前に日本軍部隊が駐留したことさえなかったのである(19)。

わたしたちを乗せた「おがさわら丸」は、六月十三日の昼過ぎに父島・二見港に入港した。船は旅客と貨物を降ろし、夕刻までに硫黄島に出航する準備を整える。十九時から硫黄島訪島事業参加者の再乗船が始まり、二十時に「おがさわら丸」は二見港を出航した。出航後まもなく、島民、硫黄島協会関係者、一般村民、マスコミ関係者など、事前に割り振られていた班ごとに呼び出しがかかり、上陸後の行動について打ち合せがおこなわれる。筆者は島民班と行動をともにすることが認められた。打ち合せの部屋には、硫黄島の地図を広げて担当の村職員と二十二時近くまで島内での訪問先について話し合う、山下さんの姿があった。

3 強制疎開、軍務動員、そして地上戦

明けて六月十四日早朝四時頃、筆者は日の出を観るためにデッキに出た。外はすでに明るく、遠くに硫黄島の島影が見える。どんどん大きくなる島影から太陽が顔を出し始め、デッキばかりか船室内にも強烈な硫黄臭が広がっていく。五時頃に「おがさわら丸」は硫黄島沖に碇泊した。船内での朝食の後、渡し船で西海岸の釜岩からの上陸が始まる。天候は快晴で、わたしたちが上陸した八時すぎに気温は摂氏三十度を超えていた。

わたしたちは海上自衛隊員や小笠原村職員が運転するバスに分乗して、まず硫黄島島民平和祈念墓地公園に移動した。強制疎開前の島民墓地跡に作られた祈念公園のなかには、硫黄島旧島民戦没者の碑が新旧二柱設置されている。多くの島民は、各々古いほうの碑に献花した後、硫黄島旧島民慰霊祭の席に向かう。

一九四四年、南洋群島に侵攻し始めた米軍統合参謀本部は、本土の都市空襲に向かう爆撃機や、開発中であった原爆の搭載機が撃墜・捕捉される可能性を回避するため、日

本軍飛行場を有する硫黄島の奪取を決定した。日本軍大本営の側も、マリアナ諸島を奪われた後の本土防衛の時間稼ぎのために、複数の滑走路を有し米軍の標的になることが予想された硫黄島において、地上戦の遂行を想定していた。

この段階になると、カイロ宣言の路線で日本が降伏することはほぼ確定的であったが、日本の戦争指導者たちは、「国体護持」を含む有利な条件での講和に持ち込む目的で降伏を引き延ばし続けた。その結果として、沖縄と硫黄島における地上戦、本土各都市への大規模な空襲、広島と長崎への原爆投下、ソ連邦の参戦に伴う在満洲国入植者などへの迫害があったことは比較的知られているが、硫黄列島の住民が強制疎開による難民化や地上戦への参加を含む軍務動員を強いられたことは、日本国内でもほとんど知られていない。(20)

今般の訪島日のちょうど七十一年前にあたる一九四四年六月十五日、小笠原群島・硫黄列島は米軍による最初の大空襲を受けた。すでに硫黄列島・小笠原群島から伊豆諸島・本土方面に向けた疎開は始まっていたが、この大空襲を機に小笠原兵団長の栗林忠道は陸軍大臣に対して非戦闘員の本土への「引揚」を具申し、その結果六月二十六日には東京都長官から「引揚命令」が発動された。硫黄列島民一二五四名のうち、一九四四年四月から七月までの約四カ月間で強制疎開の対象になったのは一〇九四名であった。(21)

山下さんの家族に強制疎開の指示が伝えられたのは、七月半ばになってからであった。乗船日の前日であったため、まともに荷造りをする暇もなかったという。山下さんの家

硫黄島旧島民戦没者の碑
（筆者撮影）

族は、わずか二、三個の荷物を抱え、「着の身着のまま」、硫黄島からの強制疎開の最終便にあたる小さな漁船で、まず父島に向けて疎開した。

他方で、小笠原群島・硫黄列島に住む十六歳～六十歳の青壮年男性の多数が、強制疎開の対象からも除外されて軍務に動員された。一九四四年七月末の時点で、小笠原群島に残留させられた島民は六六五名、硫黄島の残留者は一六〇名であった――ただし北硫黄島は全員が強制疎開の対象となり、徴用された人はいなかった。硫黄島の残留者一六〇名のうち五七名は、地上戦が開始されるまでに父島に移送されているが、残された一〇三名は、海軍二〇四設営隊や陸軍硫黄島臨時野戦貨物廠の軍属として地上戦に動員されたのである。(22)

一九四五年二月十九日、米海兵隊は硫黄島に対する上陸作戦を開始した。硫黄島の地上戦は一般に、栗林忠道が主導した壕内潜伏に基づく内陸持久作戦により、米軍が当初予想をはるかに超える犠牲者を出したものの、次第に戦局は米軍優位に転じ、栗林が約四〇〇〇名とされる部下を率いて米軍の幕営地への突撃を決行した三月二十六日に、日本軍の組織的な抵抗が終結したと理解されている。しかし、硫黄島における戦闘の実態を生還者の証言によって描き出した秀逸なドキュメンタリー『NHKスペシャル　硫黄島玉砕戦――生還者六一年目の証言』(二〇〇六年八月放送)によれば、三月に入ると日本軍の指揮系統はすでに崩壊し始めており、兵団司令部の作戦とは異なる無謀な攻撃命令が頻発するようになっていた。そして三月二十六日以降も六月にかけて、米軍による投降

硫黄島旧島民慰霊祭
（筆者撮影）

勧告を拒み、部下や同僚の投降をも妨害しながら、壕内で潜伏を続けた日本軍将兵が数多くいた。米軍側も、投降勧告に従わない残存兵に対しては、爆薬や火炎放射器を用いて容赦ない掃討作戦を展開した。(23)

硫黄島の地上戦における日本軍側の死者・行方不明者数は厚生労働省の調査によれば約二二〇〇〇名、米軍側は同六八二一名であったとされている。地上戦に動員された硫黄島残留者は一〇三名のうち九三名が死亡し、米軍の捕虜となり地上戦の終結後まで生き残った島民は十名であった。(24)

日本帝国はその敗北の過程で、東南アジアの占領地、南洋群島やグアム島、そして小笠原群島・硫黄列島や沖縄諸島・先島諸島・大東諸島などの住民に対して、軍務への動員か、疎開による難民化か、地上戦の道連れか、いずれかの方法で、総力戦遂行と「国体護持」の〈捨て石〉となるよう迫っていった。(25) そして、この三つの強制的選択肢のなかでなんとか生き延びることができた硫黄列島民も、日本帝国による〈捨て石〉化の影響を「戦後七〇年」にわたって背負わされ続けたのである。

九時三十分、祈念公園にて慰霊祭が始まった。小笠原村長の式辞のあと、村議会議長、島民代表、戦没者遺族代表が追悼のことばを述べ、筆者を含む全員が献花の後、地上戦のさなかに少年兵たちによって歌われたと伝えられる「故郷の廃家《はいか》」（中等教育唱歌）を全員で唱和して閉会となる。

祈念公園に近い小笠原村硫黄島平和祈念会館に移動して昼食後、わたしたちは再びバ

生家跡付近に立つ山下賢二さん
（筆者撮影）

スに分乗して、班ごとの島内行程に入った。筆者は強制疎開前に南部落があった場所で、山下賢二さんの甥の須長國男さん・玲子さん夫妻らとともに、バスを降りた。昨年の訪島事業に参加した須永さん夫妻は、山下さんの証言をもとに、山下さんの生家の跡地と考えられる場所をほぼ特定したという。やがて山下さん本人が到着する。山下さんは昨年の訪島事業に参加していなかったので、生家跡への訪問は初めてのことになる。わたしたちも、山下さんや須永さん夫妻たちとともに、藪の中に入っていった。NHKのクルーがそれを追う。家の土台跡と考えられる石が残っている場所で、山下さんの足が止まった。

ここで間違いない。

わたしたちは十六時頃には島民を島に残して、渡し船で西海岸沖に係船中の「おがさわら丸」に帰還した。硫黄島訪島事業では、島民は祈念会館に宿泊し、それ以外の参加者は船内に宿泊するのがルールとなっている。船内での夕食後、十九時頃から約三十分間、「おがさわら丸」スタッフは宿泊者へのサービスとして、デッキの全電灯を消灯した。満天の星のなかに、本土からは見えない南十字星がはっきりと見える。再点灯後、デッキの周囲で激しい水音がするので海面に目をやると、船の周囲におびただしい数のトビウオが集まっていた。強制疎開前に多くの島民がカヌーでトビウオ漁に従事していたことが、七十年以上経った現在でもうかがいしれる。

4　核基地化と長期難民化

翌六月十五日朝八時、わたしたちは再度釜岩から硫黄島に上陸した。この日もほぼ快晴で、午前中からかなり暑い。筆者は島民班に同行し、午前中はバスで、島の北側に位置する大坂山壕、栗林兵団長らの「最後の突撃壕」、多数の戦傷病者が亡くなった「医務科壕」、栗林の執務室があった「兵団司令部壕」などをまわり、陸軍硫黄島臨時野戦貨物廠跡にいたる。野戦貨物廠には島民の被徴用者が十数名所属していたとされる。大きなペットボトルをいくつも抱えてバスから降りた島民は、限られた滞在時間のなか、ペットボトルの水を壕の中や周囲に献水する。

十一時頃から自衛隊の厚生館で昼食をとった後、午後はまず、島の南側に位置する海軍二〇四設営隊釜場跡に向かった。二〇四設営隊の釜場には島民の被徴用者の過半が属し、トーチカなどの造成にあたる軍属たちに食事を作って運ぶ軍務に従事していた。ここでの滞在時間もごくわずかであるが、島民は次々と献花し、入念に献水する。壕に向かって語りかけるひともいる。

その後わたしたちは、「鎮魂の丘」の慰霊碑で献花をおこない、島の南西端に位置する摺鉢山に向かった。山頂には米軍戦勝記念碑や日本軍の硫黄島戦没者顕彰碑がある。

米軍戦勝記念碑のレリーフには、従軍記者ジョー・ローゼンタールの報道写真で有名な、摺鉢山に星条旗を掲げている米兵たちが描かれている。

二〇〇六年、硫黄島の地上戦を題材とするクリント・イーストウッド監督のいわゆる「硫黄島二部作」が日本でも公開された。そのうちジェイムズ・ブラッドリーとロン・パワーズのノンフィクションを原作とする『父親たちの星条旗（Flags of Our Fathers）』は、ローゼンタールの被写体になった星条旗を掲げる六人の海兵隊員に焦点をあてた映画だが、イーストウッドは六人のなかでもピマ族出身のアイラ・ヘイズに照準を当てる。とりわけ、ヘイズが戦場からの生還後、凄惨な戦闘のトラウマと「インディアン」差別に苦しみ、アルコールに溺れながら、「国民的英雄」として米国戦時国債販売キャンペーンに利用されつくす過程は、執拗なまでに反復される。じっさいヘイズは除隊後、アルコール依存症を悪化させ、三十二歳の若さで死去することになる[26]。

「二部作」のもう一作『硫黄島からの手紙（Letters from Iwo Jima）』は、小笠原兵団長の栗林忠道が硫黄島から本土の家族に向けて送った書簡を原作としており、栗林を中心に日本軍側の視点から地上戦を描いた映画だが、この作品にはほぼ一シークエンスだけ、強制疎開直前の硫黄島の住民と集落が登場する。この作品が、硫黄島民が日本のマスメディアではほとんど取り上げられることがなかった二〇〇〇年代半ばの時点で、一瞬とはいえ、硫黄島に「社会があった」事実を映像に書き込んだことは、率直に評価すべきである。しかしながら、イーストウッドは強制疎開を決断する栗林に、「島民は速やかに

「最後の突撃壕」(筆者撮影)

204設営隊釜場跡に献水する島民(筆者撮影)

本土に戻すことにしましょう」（傍点引用者）と語らせてしまう。「そこに社会があった」にもかかわらず。そして、このイーストウッドの作品では、強制疎開の対象から除外され地上戦に動員された一〇三名の硫黄島民の存在は、一度も示唆されることはない。

山下さんは筆者に、語気を強めてこう語っていた。

硫黄島民と言っても、マスコミも誰も、ほとんご知らなかったわけですよ。

そして研究者も、「ほとんご知らなかった」わけである。

一九四四年、強制疎開の対象となった小笠原群島・硫黄列島の島民たちは、身寄りを頼るなごして、関東地方を中心に離散していた。米国は南洋群島、奄美諸島、沖縄諸島、小笠原群島なごとともに、硫黄列島を軍事占領下に置いた。

硫黄島で捕虜となってグアムやハワイ、米本土なごに送られていた旧日本軍関係者は、一九四七年にかけて順次本土に移送された。移送対象には、硫黄島で徴用されていた島民の生存者も含まれていた。この本土移送は、本土出身の将兵にとっては「復員」を意味したが、島民の生存者にとっては故郷から引き離されることをも意味したのである。

硫黄列島民は小笠原群島民とともに、一九四七年に小笠原島硫黄島帰郷促進連盟を結成し、帰島・再居住の実現を求めて組織的運動を開始した。だが島民の多くが生業・生計の基盤のない本土での生活に困窮し、自殺や一家心中に追い込まれた島民も少なくな

摺鉢山山頂の米軍戦勝記念碑
（筆者撮影）

かった。

硫黄島からの最後の疎開船で父島に到達し、父島から本土に疎開した山下さんの家族は、横浜に上陸後、兄の縁故を頼って栃木県那須郡小川町に移住した。弱冠約十五歳の山下さんは、戦時中で男手が足りない農家の稲刈りや麦刈りなどの手伝いをして、対価として食料をもらい、家族の生計を支えていたという。敗戦後、山下さんは東京に働きに出て引き続き家族の生計を支えたが、硫黄島に戻ることがかなわない状況のなか、両親と復員してきた兄たちが一九五〇年に相次いで亡くなり、残された山下さんは弟や妹たちの世話をしながら生活していくことになった。

一九五一年九月、サンフランシスコ講和条約が締結された。この講和条約には、奄美諸島、沖縄諸島、大東諸島とともに小笠原群島と硫黄列島を米国の施政権下に置くことに日本国が同意するという、例外的な条項（第三条）が挿入されていた。この第三条によって、アジア太平洋の冷戦体制のなかで日本国家が再独立するための条件として、当初からこれらの群島に対する「残存主権／潜在主権」（residual sovereignty）を付与された日本が、米国にこれらの島々を自主的に貸与するという、詐術的な操作がおこなわれたのである。

硫黄列島民の難民状態は、東アジアにおいて冷戦状況が激化し、太平洋が〈アメリカの湖〉と化していくなかで、〈日米合作〉のかたちで継続した。かれらは、一度目は日本の総力戦体制の〈捨て石〉として利用され、二度目は冷戦体制下における日本の再独立・復興の〈捨て石〉として利用されたといえるだろう。
一九五〇年代、硫黄島や母島などでは、米国の戦略的信託統治領とされた旧南洋群島のマーシャル諸島のように核実験こそおこなわれなかったものの、ソ連邦との核戦争を想定した軍事訓練が実施されるようになった。さらに父島や硫黄島では、ソ連軍が核兵器による先制攻撃で日本本土の米軍基地を陥落させた場合、米軍が反撃をおこなうための核弾頭が配備され、秘密基地化が進んでいった。[27]小笠原群島・硫黄列島の秘密基地化・核基地化にともなう島民の長期難民化は、冷戦体制下で米領グアム島やマーシャル諸島をはじめとするミクロネシアの島々が強いられた、秘密基地化、核実験場化、島民の被爆／被曝や難民化といった状況とも連動していたのである。[28]
一九六八年六月、小笠原群島・硫黄列島の施政権が日本に返還され、一九四四年の強制疎開から四半世紀にわたって本土での生活を余儀なくされていた父島・母島の本土系住民（の子孫）にも、ようやく帰還・再居住が認められた。だが日本政府は、米空軍が撤退した硫黄島に海上自衛隊を駐屯させ始め、また「航空機・船舶の位置確認」を名目としてロランC基地に米沿岸警備隊の駐留を認めた。そして自衛隊が駐屯しなかった北硫黄島を含む硫黄列島を、小笠原諸島復興特別措置法に基づく復興計画から除外し、島民の再居住を事実上阻んだのである。[29]施政権が日本に返還されたにもかかわらず、硫黄列島民の難民状態はさらに引き延ばされ、父島・母島の島民との間に分断線が引かれていった。

真崎翔が詳細に検討するように、小笠原群島・硫黄列島の施政権返還に先立ち、米国が緊急時に核兵器を持ち込むに際して日本政府が「事前協議」に応じるという、いわゆる非核三原則を反故にする事実上の密約が、日米両政府間で交わされていた。また真崎は、米国が日本政府に硫黄島民の帰還を拒否させ同島を秘密基地化し続けた理由として、施政権返還後もロランC基地に密約に基づく核兵器の配備が計画されていたこと、また北太平洋を作戦区域とするポラリス原子力潜水艦搭載の核弾頭が目標物を攻撃するさいに、ロランC基地の機能が不可欠であったことをあげている。(30)

硫黄列島民は一九六九年一月、硫黄島帰島促進協議会を結成し、政府や都に対して帰島と再居住を求める陳情を活発化させる。しかし一九八四年五月、中曽根康弘首相の諮問機関である小笠原諸島振興審議会は、「火山活動」や「不発弾」の存在などを理由として、硫黄島での民間人の居住は困難であるとの答申を出した。その直後に都は「硫黄島旧島民への見舞金に関する検討委員会」を設置し、翌一九八五年、「硫黄島等の旧島民の特別の心情に報いるため」という名目で、「旧島民」とその法定相続人に対して、一人あたり四十五万円を現金給付した。(31)こうして日本政府は、硫黄列島民の難民状態を半永久化させていったのである。

そして一九九一年、日米両政府は、米海軍横須賀基地を母港とする空母艦載機の陸上空母離着陸訓練（FCLP）――そのうち夜間に実施される訓練は特に夜間離着陸訓練（NLP）と呼ばれる――の大半を、神奈川県の厚木飛行場から自衛隊硫黄島飛行場

自衛隊硫黄島飛行場滑走路
（筆者撮影）

に「暫定的」に移転させた。米沿岸警備隊のロランC基地は一九九四年に撤去されたが、現在も「硫黄島通信所」の名目で自衛隊硫黄島飛行場の一部が米海軍の訓練用に提供されている。

FCLPは空母艦載機のタッチ・アンド・ゴーにともなう猛烈な騒音を発するため、一九八〇年代初頭に厚木飛行場でこれが開始されると、周辺住民から強い抗議行動が起こった。そのため日本政府は厚木飛行場からのFCLP移設を企図してきたが、候補地が明るみになるたびに、周辺住民の激しい反対運動が巻き起こり、移設は頓挫し続けている。(32) そのため日米両政府は、島民が帰還できず民間人の現住者がいない硫黄島飛行場に、FCLPを「暫定的」に移転したのであるが、その「暫定的」状態はすでに四半世紀におよぶのである。

5 解除されない強制疎開

六月十五日十五時頃、摺鉢山を下りたバスは、祈念会館にもどった。わたしたちは釜岩から順次渡し船に乗り移り、硫黄島を離れた。高齢の島民一世にとっては、来年以降の訪島事業に参加できるかどうかは、文字通り体力とのたたかいになるだろう。

十六時三十分頃、「おがさわら丸」は硫黄島西海岸の係船地を離れ、島の周囲を約二時間かけてゆっくりと一周した。十八時三十分、摺鉢山沖に達した頃、訪島事業参加者全員が「おがさわら丸」のデッキに集まり、洋上慰霊祭がおこなわれた。慰霊祭が参加者全員による洋上献花で締めくくられると、船は硫黄島沖を離れ、北硫黄島沖を通って父島へ向かった。翌十六日朝六時、「おがさわら丸」は父島・二見港に帰還した。

山下賢二さんの言葉にもどろう。

われわれは軍の命令で強制疎開させられた。われわれが作り上げた島を戦争で追い出されたわけですよ。いまも強制疎開が解除されていない。われわれの戦後はまだ終わっていない。

「強制疎開が解除されていない」硫黄列島民にとって、「戦後七〇年」とは難民＝ディアスポラとしての七十年であった。

われわれも高齢化して、もう帰島運動を本格的にやることはできないけれども、なんとか住めるように元にもどしてほしい。

前述の小笠原諸島振興審議会の一九八四年の答申は、硫黄列島民を帰郷させない理由として「火山活動」や「不発弾」の存在などを挙げている。だが冒頭で述べたように、北硫黄島に関しては、火山島ではあるものの十九世紀末の最初の入植以降に火山活動の兆候が記録された例はなく、また地上戦の現場にならなかったため「不発弾」の問題も存在しない。硫黄島に関しては、一九四四年から四半世紀近く米軍が、施政権返還後半世紀近く自衛隊が駐留し続けているので、「火山活動」や「不発弾」が島民の帰還を阻む理由になるとはとても考えられない。

硫黄島は、マーシャル諸島のクワジェリン島やインド洋のチャゴス諸島のディエゴガルシア島などと同様、住民が強制移住させられた状態で長年軍事利用されてきた。しかし硫黄島のように、第二次世界大戦中から冷戦期を経てポスト冷戦期にいたるまで、全島が事実上軍事利用され住民が帰還できない島は、世界にも他にほとんど例がないだろう。

総力戦と冷戦の世紀であった二十世紀の日本が幾重にも〈捨て石〉にし、さらに〈捨て石〉にしていることも忘れてきた島。そして「戦後七〇年」間の日本の国家と社会は、硫黄列島民の歴史的経験や存在そのものをも、忘れ続けてきたのである。強制疎開前の硫黄島・北硫黄島で生まれた島民一世はいま、次々とこの世を去りつつある。日本政府はいますぐにでも、島民一世が全員この世を去るのを待っているかのような従来の〈不作為の作為〉を反省し、硫黄列島民に対する戦争責任と戦後責任を果たさなければならない。それが果たされないかぎり、硫黄島はいまだ、〈戦後零年〉である。

擂鉢山沖での洋上献花
（筆者撮影）

謝辞——硫黄島訪島事業への参加を認めていただいた森下一男・小笠原村長と、訪島期間の全般にわたってお世話いただいた村議会議員や村役場職員のみなさま、事業実施に多大な協力をされた海上自衛隊硫黄島航空基地隊と鹿島建設のみなさまに、深い謝意を表します。また、訪島事業に参加されたみなさま、特に全国硫黄島島民の会名誉会長（前会長）の山下賢二さん、同会長の寒川蔵雄さん、そして旅程の大部分をご一緒した同会員の渡邉英昭さん（写真家）と夏井坂聡子さん（フリーライター）にも、心からおれい申し上げます。むろん、文責はすべて筆者に帰されるべきものです。

本稿は、①をベースとしつつ、適宜②と③を参照して加筆修正をおこなったものである。

①石原俊「解除されない強制疎開——「戦後七〇年」の硫黄島旧島民」（『現代思想』四三巻一二号、青土社、二〇一五年八月）
②石原俊「そこに社会があった——硫黄島の地上戦と〈島民〉たち」（『未来心理 Mobile Society Review』一五号、NTTドコモ・モバイル社会研究所、二〇〇九年三月）
③石原俊「ディアスポラの島々と日本の「戦後」——小笠原・硫黄島の歴史的現在を考える」（『別冊 環』一九号、藤原書店、二〇一二年三月）

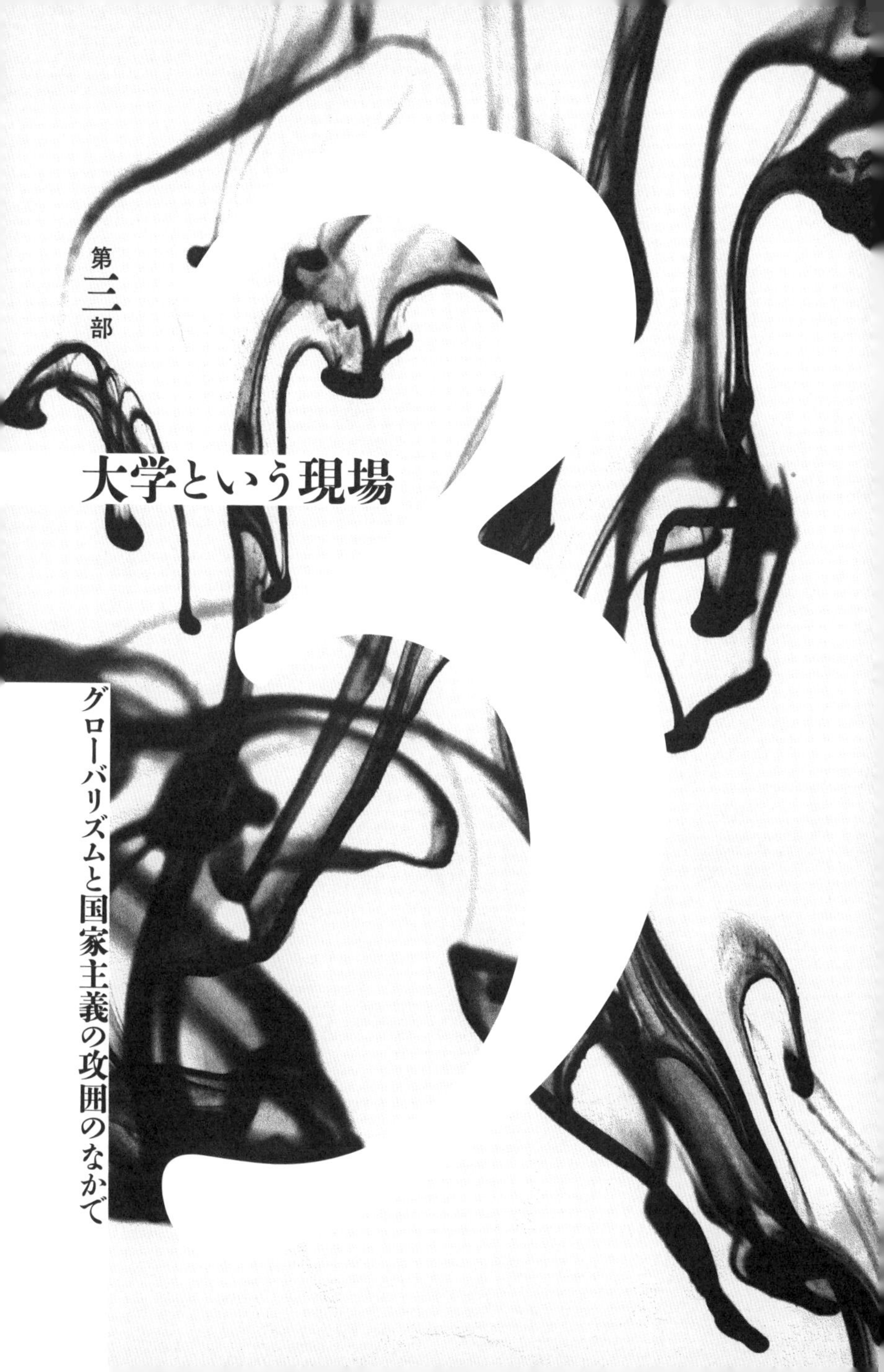

第三部

大学という現場

グローバリズムと国家主義の攻囲のなかで

一、大学の自治の何を守るのか

グローバリズムのなかの「私大生」

大江健三郎が『東京大学新聞』に発表した出世作「奇妙な仕事」（一九五七年）の読者は、冒頭近くに現れる次の箇所に目を奪われる。

〔東大附属〕病院の受付では、そのアルバイト募集についてはまったく関係していないということだった。僕は守衛にしつこく訊ねて、木造の倉庫が残っていたりする、病院の裏へ入って行った。その倉庫の一つの前で女子学生と私大生とが、中年の、長靴を履いた顔色の悪い男から説明を受けていた。僕は私大生のうしろに

立った。男は僕を瞼の厚い眼で見つめ、軽くうなずいて説明をくりかえした。犬を一五〇〇匹殺します、と男はいった。(1)

東大男子学生であることが自明視されている「僕」のまなざしは、アルバイト仲間の二人を「女子学生」「私大生」と名指す。「女子学生」は同じく東大生であることが暗示されているが、「私大生」からは大学の固有名さえ消去されている。さらに興味深いのは、二〇一四年に岩波書店から刊行された『大江健三郎自選短篇』において、この短篇の「私大生」という言葉が全編にわたって「院生」に置き換えられてしまったことである。(2)

筆者はここで、大江が自身のテクストから「私大生」という無自覚な差別語を隠蔽したと批難したいのではない。むしろ、この改訂を大江による無自覚な歴史の重ね書きとして捉えてみたい。後述のように「私大生」こそ、敗戦後の日本における大学制度の矛盾が集約的に表れていた領域であり、そして一九九一年の「大学設置基準の大綱化」以降、その領域に「院生」そして博士号取得者を含む大学の非正規教職員が加わったからである。

ただし本稿では、後者の大学院生や非正規教職員をめぐる諸問題には正面から論及しない。こうした領域については、すでに当事者を含む多くの論者の手で議論が蓄積されているからである。本稿で取り扱いたいのは、おもに前者の私立大学の学生と教員をめぐる諸問題である。

筆者は国立大学で学部生、院生、ポスドクを過ごし、教員としての最初の勤務先も国立大学であった。学生時代を含めると国立大学（法人化後も含む）に合計十六年間在籍した反面、私立大学に在籍したのは、二〇一六年末の時点でわずか八年間にすぎない。また現在勤務する大学は、キリスト教を基盤とする十九世紀の英学塾以来の伝統をもち、いわゆるリベラルな雰囲気が強く、文科系学部のみの大学としてはかなり規模が大きい、首都圏に立地する私立大学である。理事長や理事会の支配力が極度に強い大学、小規模な大学、あるいは非大都市圏に立地する私立大学については、筆者は関係者からの伝聞以上のことを知らない。

このような視野狭窄を承知のうえで、本稿で私立大学とその構成員を中心に取り上げる背景は、おもに次の三点にある。(3) 第一に、日本において私立大学の学生数は、四年制大学に在籍する学生数の四分の三を超える圧倒的多数を占めているからである。第二に、私立大学の学生に占める大学院生の割合は旧帝国大学などの大規模国立大学に比べて一般に少なく、学生の大多数を学部生が占めているためである。第三に、筆者は浅い経験ながら私立大学の教学の現場に専任教員として在勤してきて、いま私立大学が置かれている困難な環境のなかでのいくばくかの可能性について、当事者のひとりとして模索する立場にいるからである。

大学はいま世界規模で、政官財界や国際機関から激しい「改革」圧力を受けている。

日本においても、教育内容、教育課程（カリキュラム）、組織、意思決定、財政、人事管理、学生管理など、あらゆる面で、大学は外部勢力の要求に応じた「改革」を強いられている。

フォーディズム体制期までの西側先進国では、大学は直接的な資本蓄積の場ではなかった。大学はホワイトカラー予備軍とエンジニア予備軍である大学生にモラトリアム期間を付与して一定の教養教育または専門教育を教授し、学士資格あるいは卒業資格を付与しておけば、政府や企業社会との関係は比較的安定していた。(4) 大学はおおむね、資本に対して「形式的包摂」（カール・マルクス）の関係にあったといえる。

だがいまや、資本による大学の「実質的包摂」に向けたプロジェクトが進行中である。二十世紀末に国連の教育・文化振興機関であるユネスコから国際的な教育政策の主導権を奪い取った世界銀行や経済協力開発機構（ＯＥＣＤ）などの国際金融機関は、世界各地の高等教育機関に対して、各国政府や多国籍企業の経済的目標に直接結びつく経済資本と「人的資本」の開発機関になるよう政策的に誘導してきた。(5) これを受けて各国政府は国内の大学に対して、懐柔と恫喝を使い分けながら「改革」方針の受け入れを迫っていく。大学経営に関しては収益性を指標として、研究内容に関しては卓越性を指標として、教育内容に関しても「人材開発」の効率性などを指標として、各大学を外部評価に付して相互に「競争」させ、リストラの対象としていく、いわば構造調整プログラムの大学版である。サッチャー政権下で始まった英国の大学のリストラを皮切りに、大学の構造調整はグローバル化してきた。

しかしながら、日本の大学が急激な構造調整を求められるなか、いま構成員が学問の場としての大学において誰のために何をなすべきなのかについて、大学執行部の立場を経験した研究者による教育改革の政策的提言や、思想史研究者による大学の歴史的理念についての考察を除けば――そのどちらもおおいに意義のある作業ではあるが――、大学で教育・研究にたずさわる中堅・若手研究者の間で、まだまだ議論が不足しているといえないだろうか。本稿は体系的な調査に基づく論考ではなく、いま日本において強いられている「大学改革」が大学をどのような場に変えようとしているのか、そのなかで教学にたずさわる者が何をなすべきかについて、先行諸研究の蓄積と筆者自身のごく狭い経験に基づいてまとめたラフスケッチにすぎない。だがわたしたちに残された時間はあまりにも少なく、議論のたたき台としてこのようなノートを共有しておくことも、無意味ではないとおもわれるのである。

ただし筆者は、あらゆる研究と教育のいとなみが大学を拠点とすべきだと主張しているのではない。制度的な大学の内外にオルタナティヴな研究・教育の場を作る試みは、一九六〇年代の学生叛乱に参加した大学構成員と大学外にいた人たちの協働によって、その後さまざまなかたちで実践に移されてきた。そして、制度としての大学がそうしたオルタナティヴをしばしば排除し、あるいは馴致しようとしてきた歴史がある。だがいっぽうで、教員として正規雇用職にある者には、圧倒的な構造調整圧力を受けている現存の大学制度のなかで何をなすべきかを考えることも必要である。

本稿の結論をいくらか先取りして述べてしまおう。日本の「私大生」の多くは、敗戦後のフォーディズム体制下から冷戦後のポストフォーディズム体制下にかけて、大学卒業後は旧帝国大学などの専門職《プロフェッション》・幹部候補養成機関出身のエリートに〈使われる側〉の予備軍であり続けてきた。そして現在の「大学改革」の進展のなかで、この「私大生」たちこそ、このかん指摘されてきた大学院生や博士号取得者とともに、最大の被害者となりつつある存在なのであり、その被害は——すでにはるか以前に学生自治を失ってしまった——大学生における自由の壊滅というかたちをとることが予想される。

現在の「大学改革」においては大学教員集団の自治が主要な攻撃目標になっているが、この自治を守ることは、教員自身にとっての教授会自治の問題を超えて、日本の大学生の圧倒的多数を占める私立大学の学生たちの自由を確保することにかかわっている。わたしたちは、かれら〈使われる側〉の予備軍にとって、またかれらの教育にたずさわる研究者にとって、大学とは何であったのか、何でありうるのかという問いを起点として、何をなすべきかを考えることが必要なのである。

2 国立大学の自治の破壊と知財生産企業化

二〇一四年六月、自公政権は学校教育法と国立大学法人法の改定案を強行採決した。

学校教育法改定の主要な標的は、「大学には、重要な事項を審議するため、教授会を置かなければならない」と定めた旧法第九三条にあった。新学校教育法では、教授会の法的権限は、「学生の入学、卒業及び課程の修了」、「学位の授与」および「教育研究に関する重要な事項で、学長が教授会の意見を聴くことが必要であると認めるもの」について学長に「意見を述べる」役割に限定されてしまい、研究内容、教育内容、教育課程（カリキュラム）、教員人事、教学組織、教学予算に関して審議する法的根拠がすべて教授会から剥奪され、学長の執行権に帰属することになった。

また新国立大学法人法では、学外委員が過半数を占める学長選考会議に学長選出の基準自体を決定する権限を与えることによって、国立大学でかろうじて維持されてきた教（職）員による学長選考意向投票制度の無力化が図られている。加えて新国立大学法人法は、国立大学の経営協議会の委員についても、その過半数を学外者から採用するよう求めている。

すでに二〇〇四年に導入された旧国立大学法人法は、経営権と教学権の両者を学長と理事からなる役員会に集中させ、学校教育法が定める教授会の権限を事実上空洞化させていくという、明確な使命を帯びていた。国立大学法人化が教授会自治の剥奪を主要目標としていたことは、当時の関連省庁の大臣発言からも明らかである。(6) 旧法は、学長のもとに大学法人の経営について審議する機関として経営協議会を設置し、その委員の二分の一以上を学外者から採用することを定めており、政官財界の出身者が各国立大学の運営に直接指揮権を発動する途を開いた。学長の選出についても、教（職）員による直接選挙の結果を文部（科学）省が追認する体制から、学長選考会議に最終決定権がある体制に移行したため、教（職）員による意向投票の結果が学長選考会議によって覆される大学が続出した[7]。

すなわち、二〇一四年の学校教育法改定は、国立大学法人化のさいに教授会と教育研究評議会から事実上剥奪された学長の直接選出権や大学組織経営に関する審議権ばかりか、教育・研究に関する審議権までをも、教授会と評議会から吸い上げようとするものなのである。

また周知のように、各国立大学法人はすでに、一般運営費交付金が年度単位で一パーセントずつカットされていくという財政的攻撃を受けており、専任教職員の定員を削減していかねばならない状況に置かれている。この問題は、国立大学における非正規雇用のとめどない拡大というかたちで、抑圧の移譲を生んでいる[8]。そして運営費交付金削減に反比例して、競争的補助金枠――「COE」「グローバルCOE」「教育GP」「スーパーグローバル大学創成支援」など――は拡大しているが、結果として国立大学の学長を含む教員たちは、政府・文科省の設定した「競争」の土俵に乗って「改革」方針を受け入れるよう、日常的に強いられてきた。

さらに、政府や財務省、財界の一部は文科省に圧力をかけつつ、文科系部局や教員養成系部局を中心に、国立大学の部局そして大学自体の大幅なリストラを進めようとしている。すでに民主党の野田政権期に、首相の諮問機関である国家戦略会議において、財界出身の民間委員が、運営費交付金や私学助成補助金の差別的な配分を活用して大学の統廃合を進めることを要求し始めていた。こうした要求と連動してまず、歴史が比較的浅く、解体されても卒業生・修了生を巻き込んだ抗議行動が高まらないと予想される国立大学部局が、予算カットを示唆されつつ、他部局との合併へと誘導されている。そして二〇一四年八月には、文部科学大臣の諮問機関で大学執行部経験者や大企業幹部経験者などからなる国立大学法人評価委員会が、「教員養成系学部・大学院、人文社会科学系学部・大学院」の「組織の廃止や社会的要請の高い分野への転換」を正式提案するに至っている。

それゆえ、二〇一五年の新学校教育法の目的が、研究者出身の学長に教員の代表として大学運営の自律的なリーダーシップを発揮させることにあると信じる大学教員は、おそらくほとんどいないにちがいない。多くの大学教員は、この法改定が日本の大学における教授会自治の息の根をとめ、大学の全領域の意思決定をトップダウン方式に作り変えるとともに、各大学の執行機関メンバーに政官財界の意を汲む人物を送り込むことによって、大学の内部構造を政官財界の意向に沿って改変していくプロジェクトの一環であることに、多かれ少なかれ気づいている。

たしかに、日本において大学と産業の深い関係は総力戦体制期に遡る。また財界からの大学行政に対する要求も、高度経済成長期の工学系部局の拡張政策の例にみられるように、昨今に突然始まったものではない。二十一世紀に入って進行した日本の「大学改革」も、歴史的にみるならば、一九七一年の中央教育審議会による「四六答申」や、一九九一年の「大学設置基準の大綱化」の系譜に位置づけられる。だが、財界が「他業種」である大学に対してカリキュラム・組織・意思決定・財政といった内部構造の改変を要求し、政官界がその意を受けて大学に構造調整を受け入れさせていくような事態は、二十一世紀に入ってから本格化したものである。

いま日本の財務省が参照しているモデルケースのひとつは、おそらく韓国における「大学改革」であるだろう。韓国では李明博政権時に、政府の主導によって大学に対する苛烈な構造調整プログラムが導入された。それは、大学の教学・経営・ガバナンスにかかわる諸事項を定性的・定量的両面から詳細に指標化して評価に付し、全法人をランクづけしたうえで、下位十五パーセントの大学に対しては、財政支援の減額や競争的資金への応募制限といったペナルティを課しつつ「改革」を迫り、「改革」の成果が芳しくないと評価された場合は廃校もありうるという、体系的な恫喝に基づいている。(9)

日本の政官財界は、財政的恫喝と学長や経営協議会の独裁的な権限を利用しながら、国立大学を次のような方向に誘導しようとするだろう。第一に、理科系分野とりわけ応用科学系部門の人事・組織・予算・カリキュラムを新規市場開発にリンクする先端技術研究へと重点的に振り向けていく、知的財産生産企業化の企図である。第二に、おそらく東大・京大をはじめとする一部の大学を除く国立大学の文科系部局を大幅に統廃合し、文科系の人事・組織・予算・カリキュラムを大学全体の学生の「キャリア教育」や英語教育などのために振り向け、下請け組織化していこうとする思惑である。

以上のような状況下で、すくなくとも文科系にかぎっていえば、すでに国立大学法人化後の十年で、地方国立大学からはもちろん旧帝大を含む有名国立大学からも、大都市圏の大規模私立大学に向けた研究者の流出が進んでいる。近代以降の日本の高等教育において百年間、ほぼ固定化されてきた官立・私立間の資源や権威の配分格差を考えれば、これまでになかった逆転現象である。もちろん研究者個々人の転出の理由は千差万別であるが、ある程度共通する背景として、右に述べた強制的な部局再編・配置転換の圧力のほか、法人化以降の国立大学教員が競争的資金申請・機関認証評価・中期計画などの書類作成や会議開催に膨大な時間をとられ、競争的資金が採択されればプロジェクト運営のために多大な労力を要求されるなかで、中長期的な視野に立った自由な研究活動が難しくなっていることがあげられる。

国立大学教員の私立大学への流出によって最も打撃をうけるのは、在学中に指導教員を失う院生・学生たちである。特に講座制の残滓である「教室」体制の保護さえない、いわゆる非帝大系部局に属する大学院生たちがこうむるダメージは甚大である。また地方国立大学における文科系学部・大学院、小中高教員の養成部局のリストラは、この国の人文社会科学全体の研究水準低下を招くばかりか、旧帝大や大都市圏の私立大学などに進学できる経済資本・文化資本をもたない地方の若者の進路選択を大きく制約し、さらには地域社会や企業社会にも知的・文化的貧困をもたらすことになるだろう。

3 私立大学の自治への攻撃と就職予備校化

そして、二〇一四年の学校教育法改定のもうひとつの標的は、私立大学の自治、とりわけ従来から教授会の権限が比較的強かった大都市圏の大規模私立大学における自治である。

私立大学に関しては、二〇〇四年の私立学校法の改定は理事会の設置などを正式に義務づけたもので、従来からの私立大学の内部構造に大きな変更を迫るものではなかった。その後も私立学校法人は、理事長・理事会が経営権を管轄し学長・評議会・教授会が教学権を管轄する大学や、経営権と教学権の両者を理事長・理事会の管轄下に置く大学など、各法人の慣行による運営が継続してきた。

だが、民主党・野田政権期に政府に対する影響力を回復した財界側は、私立大学の内部構造についても露骨な介入をもくろみ始めた。二〇一二年に発表された経済同友会の提言「私立大学のガバナンス改革──高等教育の質の向上をめざして」は、ほぼ全編にわたって、「教授会が強くトップの権限が弱い大学」の教員集団や教授会に対する敵意を表明し、私立大学のガバナンスを私企業の「コーポレート・ガバナンス」と同様のトップダウン方式に作り変えることを主張している。

■大学においても教員や事務職員との意見交換・コミュニケーションは重視すべきだが、教員や教授会の合意が組織決定の前提になるという慣行は好ましくない。
■大学ガバナンス改革では、教授会に大きく依存している現状のガバナンス構造を見直し、最高意思決定機関である理事会の経営・監督機能の強化、ならびに執行部門のトップである学長の権限強化が鍵となる。
■まず弊害の多い学長選挙を廃止し、理事会が実質的な学長任命権を取り戻す必要がある。その上で、学長の権限を強化し、理事会は学長を通して間接的に大学（学校）に影響力を行使するという形が望ましい。つまり、大学（学校）の運営に関しては、ある程度、学長に権限を付与するが、学長の任命権については理事会が完全に掌握するというものである。
■学部長は学長が任命することになっているが、実態は教員による学部長選挙で選ばれた人物を追認しているだけである。このため、学部長は教授会の意向を重視する傾向にあり、学部の利益代表になってしまう場合も散見される。

これはほとんど、私立大学教員に対する同友会幹部のヘイトスピーチである。また、「教授会は本来、教育・研究に関する審議機関であるものの、教員の集まりであることから、教員組合的、労働組合的組織を代替する場合がある」といった、教授会と労働組合の悪意に満ちた混同は、歴史的経緯のなかで一定の権限を認められてきた中間集団に対して、「既得権集団」「抵抗勢力」といった恣意的なレイベリングによって攻撃を呼びかける、構造調整論者のイデオロギーそのものである。

ここで留意すべきは、従来から学長権限の拡大を繰り返し提言してきた中央教育審議会でさえ、教育・研究の根幹にかかわる事項については専門家集団である教授会や教員組織の意思を優先すべきだとしてきたことである。二〇一三年十一月に開催された中教審大学分科会組織運営部会の審議結果は、次のように記録されている。

- 特に教授会は、大学制度の形成過程に照らしても、学術コミュニティーの将来的な構成員としての学生の身分に関することや、その学生に教授する内容としての教育課程の編成、学位の授与、同僚（peer）となる教員の学問的・専門的な資格審査についての基本的な運営単位として位置付けられており、これらの点については、学長からのトップダウンではなく、教授会を中心としたボトムアップで意思決定が行われるのが基本と考えられる。
- 〔教員の〕「選考」については、原則として、高い専門性を有する教員が、合議制の機関において客観的な判断を行い、学長は教員組織の意見を尊重することが求められると考えられる。

すなわち、中教審が今後も教授会に帰属させるべきだとしていたカリキュラム編成権や、同様に教授会の意志を十分尊重すべきとしていた教員人事権さえもが、二〇一四年の学校教育法改定によって教授会から剥奪されたのは、中教審の見解をも超えて同友会提言の方向性が政官界に受け入れられたことを示唆している。

誤解なきようにことわっておくが、筆者は各大学・部局や大学教員個々人がカリキュラムや教授法、教員人事のあり方について改善努力をする必要がないと主張しているわけでも、教授会が大学の組織運営事項のすべてを決定すべきだと考えているわけでも、まったくない。教授会自治や学長選挙・学部長選挙こそがカリキュラムや教授法の改善を妨げている諸悪の根源であるといった、政官財界エリートとこれに追随する大学構成員がもちだす恣意的な言説を批判しているのである。

筆者が旧帝大の学生であった二十年ほど前、受講生の学術的リテラシーや背景知などまったく省みずに、授業で自分の著作や論文の草稿を読み上げるだけの教員が、少なからぬ割合で存在した。当時に比べて、現在の中堅・若手大学教員の教育に対する意識や教育実践のあり方は、全体として格段に改善している。また、一九八〇年代頃まで旧帝大を頂点とするコネクションや学閥で採用されていた文科系の大学教員人事は、権威主義的学界体制が残っている一部の分野を除けば、現在では公募制が当たり前になっている。まだまだ改善すべき点はたくさんあるが、少なくとも現時点において、教員集団から教育課程編成権や教員人事権を剥奪することと、大学の教育・研究が発展することに、一義的な因果関係がないのは明らかである。

留意すべきは、右の同友会提言が、七年ごとに各私立大学が審査を受ける機関認証評価の項目にガバナンス改変自体を加え、「ガバナンスの健全性」を私学助成補助金の配分ルールに連動させるよう求めていることである。したがってかれらの目的は、まず私学助成補助金を恫喝材料として教員集団の教育や人事に関する権限を縮小しながら、学長を含む私立大学の理事ポストに財界出身者を送り込むことにあるといわねばならない。今後は大都市圏の大規模私立大学に対して、機関認証評価のたびに教授会の権限縮小への圧力がかけられるはずである。

おそらく政官財界――そのすくなくとも一部分――が、文科系学部のシェアが圧倒的に高い私立大学の自治を破壊することによって目指しているのは、理事会とその意を受けた学長が主導するかたちで、哲学・思想研究、歴史・地理研究、文学・文化研究といった人文学系や第二外国語の教育課程をさらに削減し、カリキュラムや専任教員枠を英語教育や「キャリア教育」に振り向け、私立大学を本格的に就職予備校化することであるだろう。その目的は、日本を拠点とするグローバル企業の亜エリート・ノンエリート社員と、その周辺支援部門である第三次産業の労働者の（再）生産を、企業側が教育コストをなるべく支払わずに、私立大学に〈アウトソース〉することにほかならない。(10)

じっさい安倍晋三首相は、二〇一四年五月に開催されたＯＥＣＤ閣僚理事会の基調演説において、「教育立国」を唱える宰相としては「国辱」レヴェルともいえる軽薄な発言をおこなっている。

学術研究を深めるのではなく、もっと社会のニーズを見据えた、もっと実践的な、職業教育を行う。そうした新たな枠組みを、高等教育に取り込みたいと考えています。

大学で教えた経験がある者であれば、カリキュラムが専門職に直結する一部の分野を除いて、大学で有用な「職業教育を行う」ことなど、実際には不可能に近いことは誰でもわかる。むしろ、現存する民間の私立専門学校に対して、教員の待遇改善と教育の質向上のために財政投入をおこなったほうが、はるかに有効であるだろう。しかし、二〇一八年に始まることが予想される十八歳人口の激減期を前にして、入学者数の確保に困難を抱える私立大学のいわゆる「偏差値下位大学」を中心に、こうした「職業教育」の看板に飛びつこうとする大学が続出する事態は容易に想像可能である。

このような私立大学「改革」が完遂された際には、大学内部にとどまらず、私立大学の卒業生が多数入っていく日本の企業社会にも、取り返しがつかない知的・文化的荒廃がもたらされるだろう。

4 「私大生」の自由とその消失

以上のような大学に対する急激な構造調整要求は、大学教員の自治を剥奪し、教学権を理事会や学長に集中させることを通して、国立大学においては主として理科系部門の知財生産企業化と文科系部門の下請け機関化を、私立大学においては主として就職予備校化をねらうものであった。

村澤真保呂は近年の英語圏の大学論で用いられる「ネオリベラル・アーツ」という批判的造語を援用しながら、就職予備校化しつつある日本の私立大学における「教養教育」のあり方について考察している。「新自由主義時代の技術《ネオリベラル・アーツ》」と「新しい教養教育《ネオ・リベラルアーツ》」の二重の意味が込められている「ネオリベラル・アーツ」は、ポストフォーディズム体制に従順な労働者を養成するための教育体系である。それは、一九九〇年代後半から二〇〇〇年代前半にかけて財界やその意を受けた中教審の答申に表れた、「自己責任」「コミュニケーション力」「語学能力」「情報リテラシー」「身体的修養」などの「教養教育」の指標に、典型的に表現されている。(11)

こうした大学教育の「ネオリベラル・アーツ」化のただなかで、この国の若者たちは、不安定化した労働市場のなかで卒業後になるべく安定的な雇用条件を獲得するために、大学生として享受できる自由な時間を削ってでも、あたかも自らを一個の企業体のようにリスクマネジメントすることを強いられている。その結果として、まだ大学生である時期から、不確実だが開かれた自由な状態を払拭し、社会人予備軍として主体化しようとする情動も広まっている。

日本の敗戦後、連合国占領下の高等教育再編の要は、大学令体制後も大学に昇格していなかった官立系高等教育機関を国公立大学に再編し、大学に未昇格であった私立専門学校を私立大学と短期大学に再編したことにあった。(12) また教育内容の面では、西欧型の専門職《プロフェッション》の養成機関であった官立高等教育機関の教育体系について、大幅な見直しが進められた。米国教育使節団は、日本の全新制大学の初年次・二年次において、幅広い教養と見識を備えた自由で民主的な市民主体を養成することを目的とする、特定の職業と直結しない「一般教育」という米国型のリベラル・エデュケーション（リベラルアーツ教育）をおこなわせるとともに、米国の州立大学をモデルとする教育課程（カリキュラム）・学習時間・単位制といった指標を導入したのである。(13)

たしかに土持ゲーリー法一が丹念に実証したように、この教育体系再編は占領軍側と日本側アクターの場当たり的な折衷の産物という側面があり、導入された「一般教育」には統一的な理念や標準的な教授法が希薄であった。(14) それでも、敗戦前よりはるかに多くの若者が高等教育機関に進学する機会を得て、「一般教育」課程の二年間を中心にモラトリアムを享受する土壌はできあがったといえる。

占領軍が去った後、日本の大学行政は私立大学に対して“No support, no control”の方針をとり、学部・学科新設の認可を大幅に弾力化し、さらに一九六〇年代に入るとこれを届出制とすることで、その「マンモス化」を〈不作為の作為〉的に推進してきた[15]。日本政府は一方で、高度経済成長期に需要が増加したエンジニアを養成するため、経団連およびその意を受けた経済企画庁の要求に基づいて、工学部を中心とした国立大学理科系学部の大幅定員増と国立高等工業専門学校の新設に踏み切った。他方で高度経済成長期に需要が急増したホワイトカラー労働者予備軍の養成は、国家財政にとって最も安上がりな方法で、私立大学とその学生の家計に〈アウトソース〉されたのである[16]。そして旧帝大出身者らに〈使われる側〉の予備軍である「私大生」たちの背後にはさらに、大学に行きたくとも行けなかった膨大な人数の若者たちがいた。

東大生の大江健三郎が一九五〇年代の出世作ではからずも書き残してしまった「私大生」という無自覚な差別語は、当時の私立大学の平均的教育環境に対する旧帝大の学生たちからの差別的な視線を反映していたことは、否定しがたいだろう。一九六八年の学生叛乱が高まった直接的契機は、国立大学においては帝国大学の構造と連続性をもつ権威主義的支配体制に対する異議申し立てであったが、私立大学においては右のような政官財界の〈不作為の作為〉がもたらした学費の高騰と劣悪な教育環境に対する怒りであった[17]。じっさい、国立大学の授業料は一九七〇年代初頭までかなりの低額に抑えられていたため、国立進学者と私立進学者の間には圧倒的な逆進的分配が起こっていたのである。

それでも一九七〇年代以降、日本政府は私立大学への補助金の投入と引き換えに、学部・学科増設や定員変更を文部大臣の認可制へと変更した。結果として私立大学の教育環境は、教員一人当たりの学生数、教育の質、キャンパスの設備などの面で大幅に向上した。しかし、私立大学全体の年度収入の十パーセント程度にすぎない私学助成補助金は、私立大学のさらなる学費値上げに対して一定程度の歯止めにはなったものの、その引下げを誘導することはなかった。

それどころか、同時期に自民党文教族が「受益者負担原則」を掲げて、私立大学に比べてはるかに安価であった国立大学の授業料を攻撃対象にし始めたのである。その結果、一九七二年以降二十世紀末にかけて、国立大学の授業料は消費者物価上昇率をはるかに上回るカーブで引き上げられた。加えて一九七〇年代以降の「受験戦争」の激化にともない、若者が国立大学に進学するためには、初等・中等教育段階で親から相当程度の文化資本と経済資本の移転を受けることが必要になってしまった。こうした状況下で、日本国家はその後も、ホワイトカラー労働者予備軍の養成を、私立大学に〈アウトソース〉し続けたのである。

以上のように冷戦期の日本においては、原則学費無償の国立大学が高等教育の大衆化を担った西欧諸国などとは異なって、文科系の学生数が理科系に対して圧倒的多数を占める私立大学が、国家による統制を一定程度受けつつ、学生の家計に依存しながら、高等教育の大衆化の主たる部分を担ってきたのである。にもかかわらず、大都市圏の伝統校を中心に若者の間で私学人気は高まってきたとはいえ、受験教育産業をめぐるメディア言説が氾濫するなかで、「私大生」「私大文系」といった言葉は差別語のニュアンスを完全に払拭することができなかった。

筆者は、一九六八年の学生叛乱ののち、日本の高等教育の学費が国公私立大・短大・高等専門学校をとわず、最低でも国立大学の授業料相当分の金額が無償化されるべきであったし、いまからでもなされるべきだと考えている。欧州諸国の一部は昨今、高等教育の有償化へと舵を切りつつあるが、日本の高等教育の学費については、大学が大衆化しながらも非常に高価であり続けてきたフォーディズム体制下の歴史的前提をふまえたうえで、欧州諸国の状況との比較に付すべきであろう。そして、この七十年間の日本において、私立大学とりわけ「私大文系」への進学者とその親たちが、大学生としての自由の享受と引き換えに〈モラトリアム代〉として支払ってきた膨大な学費こそが、大学における教育と研究はもちろん、卒業生が入っていく企業社会、そして地域文化をも支えてきたことを、大学構成員や政官財界エリートは繰り返し想起しなければならない。

二十一世紀に入ると、私立大学の学費を〈モラトリアム代〉と呼ぶことすらできないほどに、「私大生」における自由は磨耗してしまった。その理由としてまず、文科省の管理統制の強化によって、授業の出席管理がはるかに厳しくなったことがあげられる。だがそれよりはるかに深刻なのは、二十世紀の大学生のように主に遊興費獲得のためのアルバイトに従事するのではなく、生活費や学費を捻出するために長時間のアルバイトに従事する学生が増えていることである。

加えてかれらは、二十世紀の大学生よりもはるかに長く辛い就職活動期間を乗り越えねばならず、採用内定を得たとしても、内定企業側から就職後の配置部署への影響を示唆されながら、学生のうちに指定された資格を取得しておくよう圧力を受ける者が少なくない。雇用関係のない採用内定者に対して募集時に明示していなかった資格取得を事前に求めるのは労働法に反しており、また大学教育の破壊にもつながるが、日本ではこうした脱法的圧力が企業側の当然の権利であるかのようにまかり通っている。

また大学生たちは、内心ではまだ就職活動にかかわりたくない時期であっても、企業のインターンシップに参加することが採用内定獲得に有意に相関しているというデータを示されると、実習先の企業の多くがインターンシップへの参加は社員としての採否と無関係であると明示しているにもかかわらず、就職競争に負けてしまう不安から参加するようになる。また、将来の失業リスクへの不安から、かならずしも積極的に就きたい職業でなくとも、教員免許など在学する学部で取得可能な資格をひとつでも多く取っておこうとする。たとえば小中学校教諭免許状であれば、卒業に必要な単位以外にかなりの授業を履修せねばならず、二〜四週間にわたる教育実習をこなし、さらに福祉施設や特別支援学校での「介護等の体験」を経なければならない。こうした資格取得の過程は、実習生を受け入れる学校や施設の側にはもちろん、学生自身の心身にもかなりの負担になっている。

いまや日本の大学生たちは、労働者としての情動から距離をとることが可能な立場を活かして、大学という場を拠点に、学問であったりアートであったり政治であったり旅であったり、さまざまな自律的活動を展開する可能性に開かれているにもかかわらず、自由な時間の多くを奪われ、さらには自由な情動を自ら払拭していく主体になりつつある。この国の大学生の情動は、市場における良きプレイヤーであるための自己規律的な思考様式、すなわちポストフォーディズム体制に適合的な監査《オーディット》文化に、かなりの程度侵食されてしまった。[18] 大規模私立大学において、前述の同友会提言の方向でガバナンス改変が進行し、財界出身者が多数を占める理事会に指名された学長がカリキュラム編成権や教育内容の決定権を独裁的に掌握した場合、大学の就職予備校化と大学生における自由の磨耗は取り返しがつかない地点まで進行するだろう。

　だが、大学生が監査《オーディット》文化を内面化するのは、けっして政官財界といった大学の外部からの圧力のせいだけではない。そもそも監査《オーディット》文化とは、社会人類学者のマリリン・ストラザーンらが、構造調整圧力のなかで説明責任（accountability）の論理に巻き込まれていく英国の大学とアカデミアのあり方に対して、（自己）批判的分析をおこなうために援用した概念である。日本の大学生たちの姿は、この二十年間、教育者として「ネオリベラル・アーツ」化に多かれ少なかれ加担しつつ、研究者としても業績主義・評価主義という監査《オーディット》文化を内面化してきた、大学教員たちの姿の鏡像でもある。[19]

残念ながら、これほどまで大学の自由と自治とが体系的な攻撃の対象になっていても、日本の大学教員の間ではまだまだ、自由と自治の空洞化に対するシニシズムが主流であるといわねばならない。また以上のような攻撃が、大学教員自身にとっての教授会自治を超えて、この国の大学生における自由の享受を破壊し、さらに大学やアカデミアの枠を越えて大きな文化的・社会的損失をもたらす可能性についても、自覚が強いとはいえない。むしろ大学教員のなかには、大学の知財生産企業化や就職予備校化に積極的に加担し、学生の自由の破壊に寄与してしまっている者も少なくない。

5 総力戦・冷戦と大学の自治

敗戦後に日本本土の大学で教授会自治を軸とする大学の自治が一般化した理由として、軍国主義・ファシズム体制によって日本の大学の自由と自治が弾圧された経験への反省から、日本国憲法第二三条に「学問の自由（academic freedom）」が明文化され、その法的派生物《コロラリー》として大学の自治（university autonomy）が保障されたことがしばしば指摘される[20]。だが、日本における学問の自由や大学の自治の歴史的系譜は、それほど単純なものではない。

法制度上の大学の成立が近代国家形成に遅れた非西欧世界においては、大学は多くの場合、まず近代国家によって官僚制の一部として設立され、遅れて教員や学生の間から内発的な自治意識が高まるという順序を経てきた。寺崎昌男が詳細に分析したように、近代日本においても、一八七〇年代の官立学校設立期から一九世紀末の帝国大学成立期にかけては、教育内容の決定権を除いて、教員による自治の要素は希薄であった[21]。

むしろ吉見俊哉が示唆するように、幕末維新期に主要都市で蘭学知識人・英学知識人たちが主宰した私塾という場と、そこに集まった志士たちによる自由で普遍的な学知の追究こそが、官製の大学にはるかに先がけて近代日本における大学的なものの嚆矢であったとみることができよう。天野郁夫によれば、幕末期に勃興した私塾の多くはその後存続が困難となったが、一八八〇年前後になると、私塾の精神を引き継ぐ学知が自由民権運動に結びつきながら、法学系の私立専門学校の設立を後押ししていく。やや遅れて、キリスト教系や仏教系の専門学校群も勃興する。このような「自由」や「民権」あるいは宗教的徳育を掲げる私学の勃興に対する危機感が、天皇制政府の側に帝国大学設立を促したのであった[22]。

世紀転換期になると帝国大学教員の間に自治に対する欲求が芽生える。前述のように、帝大の教員集団はすでに教育内容の自己決定権を獲得していたが、これに加えて教員人事や管理職者（学長・部局長など）の選出に関しても、いわゆる京都帝大澤柳事件などの激しい闘争を経て、慣習的な教授会自治の権利が定着していった。

だが、日本の官立高等教育機関における自由や自治の決定的なアキレス腱は、大日本帝国憲法下で教員（教官）の人事権が天皇大権に帰属していた点であった。二〇一五年は天皇機関説事件からちょうど八十年にあたるが、一九三〇年代から敗戦にかけて、日本の大学の教育・研究は天皇の名において政軍の猛攻撃に遭う。また大学の内部にも、「左傾」教員の大学からの追放、官憲による「左傾」学生の弾圧に積極的に加担し、みずから自治をファシズムに売り渡すことによって、大学のみならず日本社会の学問・思想・言論の自由の圧殺に手を貸す者たちが跋扈した。総力戦体制・全体主義体制が強まるにつれ、政軍から相対的に独立性が高かった私学においても、そうした傾向は顕著になった。

敗戦後の日本国憲法体制のもとで、国立大学の教員人事や管理職者の選出に関しては文部行政がつねに教授会・大学の選考結果を受け入れるという、教授会自治体制ができあがった。私立大学においては対応が分かれたが、右の私立専門学校群の後身にあたる伝統的な私学では、法人理事会が教授会による教員人事や教員による管理職者の選出結果を受け入れる体制が主流となった。十九世紀以来の教育内容の決定権が大学教員の側に置かれたのは、いうまでもない。

ただしわたしたちは、敗戦後の日本の大学において学問の自由や大学の自治を保障した日本国憲法体制は、沖縄を含む旧「大東亜共栄圏」各地に冷戦体制の軍事的前線を押しつけることによって可能であったことを、ふまえておかねばならない。第二次世界大戦後も、冷戦体制の前線で強権的政体のもとに置かれた多くの西側発展途上国や、一党独裁体制が続いた東側諸国のかなりの部分において、学問の自由や大学の自治はしばしば弾圧の対象になってきた。そうした国や地域において、学問の自由や大学の自治は多大な犠牲をともなう民主化運動の過程で勝ち取られてきたものであること、逆に——米軍占領下の沖縄を除く——日本国憲法体制下において日本本土の大学が保障されてきた諸権利が、冷戦体制下の世界でむしろ少数的状況であったことは、繰り返し想起されねばならない。

また日本のような西側先進国では、一九六〇年代の学園闘争にさいして理事会や教授会の権威主義的な大学管理が批判され、「大学の自治権を学生の手に」がひとつのスローガンになったことも、忘れるべきではない。一九六八年の日本の学生叛乱もまた、「国家権力の手先たる理事会／教授会による大学管理から、学生による自主管理へ」という旗印を掲げた。私立大学の学生たちは、〈モラトリアム代〉として徴収される不当に高額な学費とそれに見合わないキャンパスや教育の環境に怒り、商業主義的で権威主義的な法人理事会に対して大学の民主化や学生による自治を要求した。そして、東大をはじめとする当時の旧帝大の学生たちは、「自主管理」というスローガンとエリートとしての特権性との矛盾に苦悩した結果、ついに「大学解体」、すなわち自分たちのモラトリアムを特権的に保障してきた場の解体を掲げるに至ったのである。

これに対して、当時の西側先進国を除く世界の大部分の国・地域では、一九六八年の学生叛乱は、大学における自治を求める運動である以上に、キャンパスの外における政治的な自由と自治の要求にしばしば直結する運動であった。冷戦体制下の発展途上国において、大学の教員や学生による政治的言動は、国政レヴェルの政治過程に対して先進国よりはるかに大きな影響力をもったが、そのことは同時に、大学構成員が権威主義的政体によるパージや投獄・拷問・処刑の危険と隣り合わせであることをも意味していた。

すなわち、二〇一五年の日本において、新学校教育法によって否定された大学教員集団による教育内容の自決権や教育課程編成権、あるいは教員人事権は、一方で官立や私立の高等教育機関におけるさまざまな闘争・妥協・迎合など、長い紆余曲折を経ながら（再）獲得されてきた自治の権利であり、他方で冷戦体制下の東アジアのなかで日本本土が置かれた特権的条件によって保障されてきた権利なのである。そうした歴史的条件を、この国の大学教員たちはどれほど自覚しているであろうか。

それどころか、かつてキャンパスのバリケードのなかに作られた自治空間＝自主管理空間の片隅で「大学解体」を叫び、その後も大学に残った研究者のなかに——その後も運動を継続した人たちの多くが大学を離れていったことを銘記すべきである——、大学の自由と自治の空洞化に自ら加担してきた者たちがいることは否定できない。かれらが、非公認サークルや夜間のサークル活動への規制、キャンパスへの監視カメラ導入、ICチップを埋め込んだ学生証を介した個人情報のオンライン管理、留学生や政治運動に関与した学生に対する公安警察の監視活動の黙認など、学生がキャンパスを拠点に自由を享受する場を積極的に破壊していく姿を、筆者は見聞きしてきた。

6 自由と自治の再構築にむけて

本稿でみてきたように、国立大学の自由と自治に対して二十年にわたる外部からの体系的な攻撃が繰り返された結果、現状では外部からの攻撃に対して一定の自律性を保持している、ごく一部の大規模私立大学の自治は、結果として日本の大学における〈最後の拠点〉となってしまっている可能性がある。いっぽう私立大学においては、学生という大学のほんらいの主人公が、外部からの体系的な圧力によって、自らの自由を売り渡すよう強いられ続けている。

このような現状と、ここに至った歴史性をふまえながら、国公私立大学に対する相互分断工作に乗せられることなく、大学における自治の何を、何のために守るのかについて、わたしたちはそれぞれの場から具体的に考え実践に移していかねばならない。ただし、現在の日本の条件下で、たとえば一九六〇年代のように、学生たち自身に大学の自治にかかわる能動的な行動を期待するのは、まったく酷というものである。すでに述べたように、現在の日本の大学生には端的に言って時間がなく、学生である期間にいくばくか確保できたモラトリアムを享受することにせいいっぱいで、大学という場そのものの変革にかまけている余裕など、ほとんどないからである。

では、教員はどうすればよいのか。冒頭でも示唆したように、筆者は私立大学教員のひとりとして、現在の日本の私学において教育・研究にかかわる自治を守ることは、満身創痍の大学生の自由を保持していくことに大きくかかわると考えている。その核心のひとつはおそらく、「ネオリベラル・アーツ」化する大学のただなかで、近代のリベラルアーツのモデルとは異なった、大学生の自由のための新しいリベラルアーツを再構築することにある。

一九九四年に不慮の事故で夭逝したビル・レディングスが喝破したように、近代の大学は一般に、学知の西欧中心主義的構造と「想像の共同体」である国民文化の正当性とに立脚していた。そこで大学という場は、人びとを理性的な市民＝国民に涵養する啓蒙主義と教養主義の拠点となることによって、国民国家や資本制と裏で結びつきながらも、政府や企業社会からの相対的な独立を保障されていた。だが、この大学モデルは冷戦体制の崩壊とともにほぼ失効してしまった[23]。レディングスの議論を本稿の問題意識に引き寄せて述べるならば、この失効の背景には、啓蒙主義に立脚した近代的市民＝国民を涵養するための教養モデルが、国民国家が大量の労働者市民を再生産する役割を担った二十世紀のフォーディズム体制の崩壊とともに、その意味を見失ったことがある。

こうして市民＝国民主体を涵養する啓蒙主義的リベラルアーツの役割は終焉を迎えたが、リベラルアーツそのものの意義は終わったわけではない。大学生がかつてなく国家や資本の論理に忠実であることを要求されているいま、大学という場において〈自由であるための技法《リベラル・アーツ》〉はこれまでになく重要になってきているからである。新しいリベラルアーツは、学生たちが自らの歴史的・空間的な立ち位置を国家や資本の論理に同一化せずに批判的に捉え返し、他者とともに生き抜いていくセンスを高めていくための、教育実践／思考実践となるだろう。そうした知性的領域と情動的領域にまたがる〈自由であるための技法《リベラル・アーツ》〉を模索する大学生たちの手助けをすることが、大学教員の重要な役割になるのではないだろうか。

　現状ではまだかろうじて教員集団による自治が比較的強い一部の大規模私立大学は、こうした新しいリベラルアーツを再構築する場となる可能性を残している。だが、大学の内外から「ネオリベラル・アーツ」化にむけた教育課程再編圧力が強まっている現状においては、ネオリベラリズムを超える〈自由であるための技法《リベラル・アーツ》〉を守り発展させるための教育内容・教育課程や教員人事の自治が、それぞれの場において意識的に保持されなければならない。そのためには、私立大学教員が部局・大学の枠を越えて連携し、また国公私立大学の教員が立場の違いを越えて横断的につながる必要もあるだろう。

　大学における学生と教員の日常は、地味で地道な研究活動と教育活動の蓄積から成り立っている。筆者のゼミナールに集まってくる学生たちのほとんどは、学部生としてはかなり重厚な社会調査に基づく卒業論文を執筆し、卒業していく。ここに存在するのは、安倍首相を含む政官財界エリートとそのフォロワーが大学と学生たちに押しつけようとしている「もっと実践的な職業教育」といった「ニーズ」とは異なった、限られた自由な時間のなかで自由な思考のもとに「学術研究を深める」ことをなんとかして模索する、学生たちの知性と情動にほかならない。筆者が勤務する私立大学の社会学科は、いわゆる制度的なリベラルアーツ・カレッジではないが、他方で専門職《プロフェッション》の養成機関でもなく、少数の例外を除いてプロの研究者を目指す学生もいない。だがかれらは、程度の差こそあれ、大学に進むことのできた自らの特権性を自覚しつつ、思考し学問をすることの自由を獲得するために大学に出てきているのである。

敗戦後長らく学問の自由の法的派生物《コロラリー》とされてきた、教授会を軸とする大学の自治は、違憲立法とされる新学校教育法によって、法文上では否定されてしまった。しかしわたしたちはいま、地味で地道な教学の自由を保障するために、大学の知財生産機関化や就職予備校化に抗するための状況的自治を保持し発展させていかなければならない。学生の自由な情動を統制し、自由な学知形成を妨げ、さらには大学や社会における自由ないとなみを磨耗させようとする、グローバリズムと国家主義の巨大な渦のなかで、この国の大学教員は教学の自由を守るために、大学を拠点とする状況的自治を模索し続ける責務がある。

もちろん、違憲の疑いが強い新学校教育法を法解釈上の次元で問題にし続けることも必要である。だが現状はもはや、憲法二三条に定められた「学問の自由」から大学の自治の保障が自動的に導かれるといった悠長な段階にはない。逆に、学問の自由を確保するために大学の自治を保持していこうとするあらゆる試行錯誤こそ、わたしたちがなすべきことなのである。

本稿は、①をベースとしつつ、適宜②と③を参照して加筆修正をおこなったものである。

①石原俊「大学の〈自治〉の何を守るのか——あるいは〈自由〉の再構築にむけて」（『現代思想』四二巻一四号、青土社、二〇一四年十月）

②石原俊「大学の自治と学問の自由は砦となりうるか」（『けーし風《かじ》』八三号、新沖縄フォーラム刊行会議、二〇一四年六月）

③石原俊「強まる国家統制と満身創痍の大学——自由と自治の危機のなかで何をすべきか」（講演採録、『図書新聞』二〇一五年六月二十七日号）

二、満身創痍の大学と学問の自由の危機

二〇一四年、政官財からの大学攻撃

後の時代からふりかえったときに、二〇一四年は日本の大学と学問の自由にとって岐路の年であったと総括されるかもしれない。

二〇一四年五月、この国の多くの大学構成員は、ＯＥＣＤ閣僚理事会の基調演説における安倍晋三首相の次の発言を、衝撃をもって受けとめた。

学術研究を深めるのではなく、もっと社会のニーズを見据えた、もっと実践的な、職業教育を行う。そうした新たな枠組みを、高等教育に取り込みたいと考えています。

そして二〇一四年十月には、文部科学省の「実践的な職業教育を行う新たな高等教育機関の制度化に関する有識者会議」において、経営コンサルタントの弁護士が、「グローバル経済圏」(Gの世界)に対応する「極めて高度なプロフェッショナル人材」の養成をおこなうごく一部の「G型」大学・学部のみを従来の形態で残し、残りの大多数の大学・学部は「ローカル経済圏」(Lの世界)に対応する職業訓練校にすべきであると提言し、物議をかもした。この弁護士は、「Lの大学には、従来の文系学部はほとんど不要」であり、「文系のアカデミックラインの教授には、辞めてもらうか、職業訓練教員としての訓練、再教育を受けてもらう」とも述べ、大多数の大学のカリキュラムから学術専門領域の教育・研究はもちろんのこと、教養教育さえも駆逐することを主張したのである。衝撃的なのは、文科省の高等教育部門がこのような「国辱」級の発言をする人物を、堂々と「有識者」として迎え入れていることにある。その背景には、「学術研究」に基づく専門教育や教養教育を受けた「人材」が「社会のニーズ」に合わないと信じて疑わない首相の存在があることは間違いない。

翌二〇一四年十一月、国立大学法人評価委員会の提言「国立大学法人の組織及び業務全般の見直しに関する視点等について」が、国立大学の教員養成系学部・大学院や人文社会科学系学部・大学院に関して、「組織の廃止や社会的要請の高い分野への転換に取り組むよう努める」ことを明確に打ち出した。まず標的になったのは、一九九〇年代の教養部解体によって大学院・学部組織に再編された国立大学の部局と、一九八〇年代から地方国立大学の教育学部・教育関連学部に順次設置されてきた、リベラルアーツ中心のいわゆる「ゼロ免」課程である。このように、歴史が比較的浅く、解体されてもまとまった抗議行動が起こりにくいと想定される部局が、運営費交付金の支給停止をちらつかされ、リストラの標的になった。

明けて二〇一五年三月三十日、文科省は全国の国立大学の教育学部から「ゼロ免」課程を全廃する方針を正式決定した。そして六月に入ると、下村博文文科大臣がついに、全国の国立大学の「教員養成系学部・大学院、人文社会科学系学部・大学院」について、「組織の廃止や社会的要請の高い分野への転換に積極的に取り組むよう努める」よう正式に通知した。[1] ここにいたって、ようやくマスメディアでも、この問題が本格的に扱われるようになったのである。

こうしたプロセスと並行して二〇一四年十二月には、安倍首相の諮問機関である産業競争力会議が下村博文文科大臣名で、「イノベーションの観点からの大学改革に関する基本的方向性」と題する答申を発表した。そこでは、法人化後の第三期中期目標期間（二〇一六～二一年度）において、全国のすべての国立大学を、「世界最高水準の教育研究の重点支援を行う大学」「特定分野の重点支援を行う大学」「地域活性化・特定分野の重点支援を行う大学」という三つの機能別に分類する方針が明確に打ち出された。この三機能分類の目的は、各国立大学を、「各大学の強み・特色を最大限に生かし、自ら改善・発展する仕組みを構築することにより、持続的な「競争力」を持ち、高い付加価値を生み出す大学へ」誘導することにあるとされ、「競争力」の強化による「付加価値」の生産、すなわち国立大学を直接的な資本蓄積の場とすることが明言されている。また運営費交付金の一定率を傾斜配分し、「各大学の機能強化の方向性や特定の政策課題を踏まえた改革の取組状況に応じて重点支援を実施」することが提案され、財政的恫喝によって大学を国家の政策目標に従属させる企図が露骨に示されている。

さらに二〇一五年四月九日、参議院予算委員会で極右政党である次世代の党の松沢成文議員から要請を受けた下村文科相が、各国立大学法人に対して入学式や卒業式での「日の丸」掲揚と「君が代」斉唱の実施を「要請」する方針を決定した(2)。教職員がすでに国家公務員でさえない「国立大学法人」が主催する行事に対して、単なる監督官庁にすぎない文科省のトップが国旗の掲揚や国歌の斉唱を「要請」したのである。

そして、このような大学への国家主義的な介入と管理統制を強化する目的で、政府と文科省が強行導入したのが、二〇一四年六月に採決され二〇一五年四月より施行された「学校教育法および国立大学法人法の一部を改正する法律」である。学校教育法改定の焦点は、次の旧法第九三条の教授会条項の根本的な変更にあった。

大学には、重要な事項を審議するため、教授会を置かなければならない。

これに対して新学校教育法の九三条は、次のような条文である。

大学に、教授会を置く。教授会は、学長が次に掲げる事項について決定を行うに当たり意見を述べるものとする。

一　学生の入学、卒業及び課程の修了

二　学位の授与

三　前二号に掲げるもののほか、教育研究に関する重要な事項で、学長が教授会の意見を聴くことが必要なものとして学長が定めるもの

また、改定後の国立大学法人法では、大学組織経営に関する審議権をもつ経営協議会の委員の過半数を学外者から採用することとし、さらに学外委員が過半数を占める学長選考会議に学長選出の基準自体を決定する権限を付与した。

これらの法改定は、敗戦後長らく日本国憲法第二三条および関連判例を根拠に維持されてきた教授会自治の法的慣行を根本から否定した、一大事件であるといわねばならない。憲法二三条はわずかに、「学問の自由は、これを保障する」という一文であるが、これは「思想及び良心の自由」の不可侵を定めた一九条や「表現の自由」の保障を定めた二一条とわざわざ別条で設定されていることからも明らかなように、全体主義体制が学問の自由を弾圧した歴史的経緯をふまえて、高等教育機関を特に想定して設けら

れた条文である。この二三条を根拠として、日本国憲法体制下では長らく、学問の自由(academic freedom)はもちろん、その法的派生物《コロラリー》としての大学の自治(university autonomy)を保障する判例が積み重ねられてきた。

二〇〇四年に法人化されるまでの国立大学においては、二三条の「憲法準則」とみなされる教育公務員特例法を根拠法として、敗戦前から教授会の慣習的自治に属していた教育内容・研究内容の決定権はもちろんのこと、教員人事や部局長などの選出に関しては学長が教授会の審議結果を尊重し、学長の選出に関しては文部(文科)大臣が学内選挙の結果をほぼ自動的に承認する体制が保障されてきた。教育公務員特例法の大学関連条項は、大日本帝国憲法体制下で官立高等教育機関の教員(教官)人事権が天皇大権に帰属していたことが、政軍からの学問の自由に対する介入を招いたことへの反省に基づいている。(3)

敗戦後は私立大学に関しても、法人が一族経営であるなど権威主義的統治が継続してきた大学を除いて、多くの中~大規模校において、教育内容やカリキュラム、部局組織運営にかかわる教授会の自治権は尊重されてきた。また、教授会による教員人事権や管理職者(部局長・学長)の選出に関しても、理事会が教授会の選出結果を受け入れる体制が主流であった。(4)

国立大学においては、二〇〇四年の法人化によって、大学組織経営に関する審議権が教授会と教育研究評議会から事実上剥奪されて学長の指揮下の経営協議会に移管された。

そのため、教授会自治は徐々に空洞化させられてきたものの、少なくとも教育内容・研究内容やカリキュラム、部局長の選出に関しては、教授会の審議結果が尊重されていた。二〇一五年に施行された新学校教育法は、部局・専攻の改廃ばかりか、教員人事から管理職者の選出、そして帝国憲法下ですでに慣習化されていた教育内容・研究内容の決定に及ぶまで、教育・研究にかかわるほぼ全領域にわたって、教授会の審議結果を学長や学長選考会議が無視することを正当化する「法解釈」を可能にしてしまったといえる。国立大学における学長の選出については、法人化後も教（職）員による意向投票制度がかろうじて維持されてきたが、新国立大学法人法では学長選出の基準自体が学長選考会議に帰属させられたため、もはや国立大学では意向投票制度自体を維持することが難しくなってきている。

そして新学校教育法の施行に先立つ二〇一四年秋から一五年春にかけて、文科省は国公私立各大学の担当者を個別に虎ノ門に呼び出して、教授会が学長の決定を拘束すると解釈可能ないかなる内部規則をも「違法」であるので削除・改定するよう、異例ともいえる詳細なチェックを実施したのである。憲法学者から日本国憲法二三条および関連判例に違反しているとの指摘が根強い新学校教育法を、[5]このように執拗な〈行政指導〉によって各大学の内部規則に反映させようとする文科省の国家主義的態度には、大学に対する許認可権を盾に管理統制の主導権を確保することによって省益を維持しようとする意志が表れている。

また二〇一四年は、このような大学に対する国家の管理統制の強化と並行して、大学の教育を揺るがすような攻撃が極右・レイシスト勢力から次々と繰り出された一年でもあった。

2 二〇一四年、極右・レイシストからの大学攻撃

二〇一四年一月、滋賀県の立命館大学びわこくさつキャンパスの学生がTwitter上で、前年十二月の「東アジアと朝鮮半島」と題する講義科目の授業中、担当の金友子講師が「朝鮮学校の授業料無償化を求める文部科学大臣宛のメッセージカード」への記入を出席カード記入とともに受講生に強制したというデマを発信した。実際には、メッセージカードを集めたのは学生団体有志であって、金講師は受講生に口頭で記入は任意であり成績評価とは関係ないことを伝えており、同学生の投稿内容は虚偽であったことが、大学側の調査からも授業出席者の証言からも明らかになっている。しかし、これに便乗した極右・レイシストたちがTwitterを中心に、韓国籍でもある金講師への誹謗中傷を拡散し、金講師は精神的にも物理的にも危険な状態に追い込まれたのである(6)。

二〇一四年五月二十一日付の『産經新聞』は一面で、広島大学の十九歳の一学生からの投稿をもとに「講義で「蛮行」訴える韓国映画上映――広島大准教授／一方的に「性奴隷」あった」という見出しの記事を掲載した。この記事は、同大の崔真碩准教授が担当するオムニバス授業「演劇と映画」内で、元日本軍「慰安婦」の証言に基づいて制作

されたドキュメンタリー映画『終わらない戦争』（金東元監督）を上映したことを、「いつから日本の大学は韓国の政治的主張の発信基地に成り下がってしまったのか」という当該学生のコメントとともに紹介した。そして、「吉田清治らの根拠なき「強制連行説」を下敷きに作成され」「慰安婦募集の強制性を認めた平成五年の河野談話」の「問題点を説明することもなく」、崔准教授が学生にこの映画を鑑賞させたことを、激しく指弾したのである。(7)

この記事がいう「吉田清治らの根拠なき「強制連行説」」とは、自らが植民地支配下の済州島で若い女性を強制的に拉致する「慰安婦狩り」に関与したとする吉田清治氏の証言を指している。一九九三年に「慰安婦」問題で日本軍の公的関与と強制性を認めた河野洋平官房長官談話が、この「吉田証言」を根拠として採用していないことは、研究者やジャーナリストの間で定説になっており、『産經』のこの記事自体が一種のデマに基づくものである。

だが、「吉田清治証言」を旗印に『朝日新聞』に対する組織的攻撃を強めていた『産經』は、『朝日』と「河野談話」を糾弾するキャンペーンの一環として、広島大の学生からの投書を最大限利用したのである。そして『産經』の報道直後から、その立場に同調する者たちがインターネット上で韓国籍でもある崔准教授に対する誹謗中傷を拡散し始め、崔准教授は極右・レイシストの激しいヘイトスピーチに晒されることになった。また広島大の事務方にも「抗議」の電話が殺到し、ついには「在日特権を許さない市民

の会」を名乗る者が「演劇と映画」の講義を実力で阻止するという脅迫電話をかけるに至ったのである。(8)

二〇一四年九月三十日の『毎日新聞』朝刊は、大阪府の帝塚山学院大学に九月十三日、清田治史教授を辞職させなければガス爆弾を爆発させると書かれた脅迫状が届いたこと、清田氏が同日のうちに辞表を提出し受理されたことを報じた。また同日の『讀賣新聞』夕刊は、札幌市の北星学園大学にも非常勤講師の植村隆氏の解雇を要求する脅迫状が届いていることを報じた。(9) 清田氏も植村氏も、元朝日新聞記者で「慰安婦」当事者の最初期の証言報道にたずさわったという共通点をもっていた。

北星学園大にはすでに二〇一四年三月頃から、植村氏の解雇を要求するメールやファクス、ハガキが殺到しており、五月と七月には学長や教授会などに宛てて、植村氏を解雇しなければ「天誅として学生を痛めつけ」、「釘を混ぜたガスボンベを爆発させる」などと書かれた脅迫状が、虫ピン数十本を同封して送付されていた。匿名の民間極右からの脅迫はさらにエスカレートし、植村氏の自宅の電話番号、そして家族の個人情報や写真がインターネット上にさらされ、「自殺するまで追い込むしかない」といった書き込みがなされたのである。(10)

前者の清田氏は、二〇一三年四月から帝塚山学院大の教授職に就いていたが、『朝日新聞』への攻撃キャンペーンが激化するなか、『朝日』が二〇一四年八月五日に掲載した過去の「慰安婦」関連報道についての検証記事において、一九八二年に先述の「吉田証言」に基づく記事を書いた記者のひとりであると報じられていた。[11] 後者の植村氏は、朝日新聞社を早期退職する条件で神戸松蔭女子学院大学教授への就任が内定していたが、『週刊文春』二〇一四年二月六日号の「〝慰安婦捏造〟朝日新聞記者がお嬢様女子大学教授に」という記事によって標的とされたために、大学側から事実上の就任辞退を要求され、示談による雇用契約解除を余儀なくされていた。植村氏は右の八月の『朝日』検証記事においても、同年一二月二十二日に発表された右派・保守派を多数含む「慰安婦」報道に関する朝日新聞社第三者委員会「報告書」においても、当時の学術的水準からみてやむをえない軽微な用語法の誤りはあるものの、「事実のねじまげ」はおこなっておらず、また「吉田証言」に関しては取材・執筆ともに関与していないと認定されている。[12]

民間の右翼とくにいわゆる職業右翼が大学教員個人の言動に対する脅迫的な批難をおこなう事例は、敗戦後も日本の各大学において日常的に存在してきたが、一教員あるいは非常勤講師の言動をめぐって学生や他の教職員を巻き込むテロリズムの手法を用いた脅迫が相次いだことは、日本社会とりわけ大学構成員に大きな衝撃をもって受けとめられた。

3 政官財からの大学攻撃の背景

以上のように二〇一四年は日本の大学にとって、敗戦後七十年間で前例がないほど、政官財と民間の双方から国家主義的攻撃を受け続けた一年であった。ただし政官財からの攻撃に関しては特に、現在世界的に進行中の高等教育に対する外部世界からの干渉の文脈をふまえておく必要がある。

冷戦体制下すなわちフォーディズム期の西側先進諸国においては、大学には教養教育または専門教育を施し学士資格あるいは卒業資格を与えることが期待され、高等教育が拡張・大衆化していったが、各国の政官財界は大学の内部構造には本格的に介入しなかった。だが米ソ冷戦終結前後から、このような環境は大きく変化する。国際機関やグローバル企業などさまざまなアクターが高等教育機関に対して、知的財産取得に結びつくような経済資本の開発機関になるよう、そしてポストフォーディズム期の企業体において技術革新や市況の変化にフレキシブルに対応できる「人的資本」の育成機関になるよう、圧力をかけ始めたからである。こうした要求を受けて各国政府は、財務・組織運営から研究内容・教育内容にいたるまで、大学の内部構造に対して露骨な介入をおこなうようになり、各大学を外部評価に付して「競争」させ、評価結果が芳しくない大学や部局をリストラの対象としていったのである[13]。

このような波は一九九〇年代後半になると日本にも押し寄せ、国立大学の独立行政法人化がとりざたされた世紀転換期あたりから、状況が激変する。二〇〇二年には財界の要請を受けた政府が知的財産基本法を制定し、大学を「人材育成」と「付加価値の創出」の場にすることを国家戦略として明示した。二〇〇四年には厚生労働省が大学に対して「コミュニケーション能力」「職業人意識」「ビジネスマナー」など、ポストフォーディズム期の労働者予備軍に適合的な「学士力」の育成を要求し、二〇一〇年には文科省が全国の国公私立大学に対して「キャリア教育」科目の設置を義務づけるなど、大学の就職予備校化が進行していく。

教育内容・研究内容やカリキュラムの「改革」要求と並行して、財務状況や組織運営の「改革」要求も本格化していった。二〇〇四年に実施された国立大学の法人化は、一九九七年に日本で初めて本格的な構造調整路線をとった橋本龍太郎内閣が掲げた国家公務員定数の二十パーセント削減――次の小渕恵三内閣は二十五パーセント削減を掲げた――を実現するために、自民党政権が郵政職員とともに国立大学教職員の非公務員化をターゲットにしてきたことが、直接的な契機であった。ところが、この法人化を機に政府・文科省は、国立大学の組織運営に関する審議権を教育研究評議会と部局教授会から剥奪して経営協議会に移管するとともに、国立大学教員を教育公務員特例法の適用から除外することによって、教員人事や管理職者の選出に関する法的権限を教授会から取り上げ始めたのである。

国立大学法人化は、教職員の非公務員化という法的地位の変更とは裏腹に、大学に対する国家統制のとめどない拡大の突破口となった。文科省は政府・財務省からの高等教育予算の効率化要求に応じるために、国立大学法人に対する一般運営費交付金を年度単位で一パーセントずつカットしていく反面、外郭団体の日本学術振興会が設定する競争的補助金枠を順次拡大するとともに、各国立大学法人に六年単位の中期目標・中期計画を設定させ膨大な実施状況報告を求めることで、大学行政に対する主導権を確保していった。また、そうした管理統制の拡大にともなって、各国立大学法人の幹部事務職員から学長・副学長・理事の一部、はては教員ポストの一部までもが、元キャリア官僚や出向官僚によって占められるようになり、文科省による大学の省益化がかえって進行したのである。(14)

そして、国立大学法人法に相当する法体系をもたず、国家による管理統制が相対的に弱かった私立大学に対しても、政府や財界の「人材開発」方針に大学のカリキュラム・教育内容を従属させるために、自由と自治に制限をかけようとする圧力が高まってきた。なかでも民主党の野田政権期の二〇一二年三月に経済同友会が発表した提言「私立大学のガバナンス改革――高等教育の質の向上をめざして」は、これまで教授会自治が比較的機能してきた中~大規模の私立大学の教員・教授会に対して、敵意をむき出しにした文書である。この提言が目指しているガバナンスの方向性については前章でふれたので、本稿では同友会が学問の自由と大学の自治の歴史的蓄積をどのように破壊しようとしているのかについて、やや詳しくみておきたい。

同提言は、私立大学におけるボトムアップ的な意思決定過程を徹底的に廃し、トップダウンに置き換えることを主張する。まず、多くの中~大規模私立大学で実施されている学長選挙と学部長選挙を廃止し、理事会が学長を直接選任し、学長が学部長を直接選任するべきだとする。また、理事会に大学全体の人事権・予算編成権・部局改廃権などを与え、教員人事に関しても教授会構成員による選考結果を追認するのではなく理事会が選任権をもち、「大学の教育・研究に関する詳細な事案を理事会が判断することは技術的に難しい場合」にかぎって、必要に応じて学長に権限を委譲すべきだとしている。そして教授会の役割については、「学長の諮問機関」として存続すべきであるとしつつも、次のように述べている。

これまで教授会が担ってきた教員人事（採用・昇進・解雇等）や入試・卒業の管理、カリキュラムの策定などに関する審議は、個別に教員等からなる委員会等を設けて原案を作成し、事案の性質・重要性に鑑み、学長や学部長会議、理事会等で決定するように変更すべきである。

大学の内部構造を少しでも知っていれば、教員人事もカリキュラムの策定も教授会の審議事項から外すべきであるというのは、教授会の役割はないというのに等しいことがわかるだろう。そして同友会は、教授会の役割を事実上無化し、日本の私立大学を営利企業的ガバナンスに作り変えるよう主張するのである。

教員の学問の自由は十分に尊重され、決して侵害されてはならないが、一方で、教員も事務職員と同様に雇用契約を有しており、校務、とりわけ組織運営においては学長の指揮命令系統下に置かれるべきである。もちろん、企業においても社員はステークホルダーの一つであり、社員の意見を聴取し経営に反映させることは、組織の存続のために不可欠なことである。よって、大学においても教員や事務職員との意見交換・コミュニケーションは重視すべきだが、教員や教授会の合意が組織決定の前提になるという慣行は好ましくない。大学ガバナンス改革では、教授会に大きく依存している現状のガバナンス構造を見直し、最高意思決定機関である理事会の経営・監督機能の強化、ならびに執行部門のトップである学長の権限強化が鍵となる。

ここで留意すべきは、同友会が理事会や学長の権限を強化すべきだと主張するだけでなく、研究者としての大学教員特有の権利をも制約すべきだとしていることである。大学においては、事務職員は民間企業や官庁と同様のヒエラルヒッシュな「指揮命令系統下」に置かれているが、教員の教育・研究にかかわる領域については、組織の管理権者からの干渉・介入を排除するために、官僚制的秩序（マックス・ヴェーバー）が留保され、教授会自治が適用されてきたのである。この領域こそが学問の自由と大学の自治の根幹にかかわっているのだが、同友会提言が敵意を露わにするのも実はこの領域である。その企図は、「学長の指揮命令系統下」における「校務」の包摂内容に関する次の文言から明らかになる。

とりわけ、教員自身の地位・身分等へ影響を及ぼす可能性のある学部・学科の改変、カリキュラムの変更、評価制度や年俸制の導入などが行われる場合、教授会が抵抗勢力となる場合がある。例えば、学部・学科の改変により、教員の負担が増加する場合や、専攻学問分野の位置付けが低下する場合、さらには専攻学問分野が不要となる場合などは、激しく抵抗する可能性がある。

ここでは、「学長の指揮命令系統下」で大学教員が一方的に服従すべき「校務」事項として、「学部・学科の改変」どころか「カリキュラムの変更」や「専門学問分野」の改廃さえもが、堂々と言及されている。現存している「専門学問分野の位置付けが低下する場合」や「専門学問分野が不要となる場合」は、各学会や各大学内における研究者間の中長期的な議論の結果として内発的に定まってくることがらであって、だからこそ大学における研究内容・教育内容やカリキュラムについては、専門家集団である教授会の自治権が保障されてきたわけである。こうしたことは大学の自治どころか学問の自由のイロハに属するが、同友会はそのイロハさえも——おそらく意図的に——無視している。

それゆえ、同友会提言が先の引用部分で述べている、「教員の学問の自由は十分に尊重され、決して侵害されてはならない」の一文は、実質的な空文にほかならない。たしかに同提言は、「私立大学は本来自主独立であり、大学の自治や学問の自由を尊重する観点からも、文部科学省の関与は極力少ないことが望ましい」として、文科省の私立大学に対する行政指導の強化を牽制している。だが右でみてきたことからも看取されるように、その「自由」や「自治」は、財界出身者をメンバーに含む理事会が政官と並んで大学への支配権を確保することを意味している。教員の学問の自由や教授会の自治権を制限することについては、同友会は文科省以上に強硬な立場をとっている。

したがって、大学内の専門家集団から教員人事権ばかりか研究内容・教育内容・カリキュラムにおよぶ自治権を剥奪しようとするこの同友会提言は、前述の学校教育法九三条の改定にかなり色濃く反映されたといえるだろう。さらに同友会が同提言の翌二〇一三年、冒頭で言及した経営コンサルタントの弁護士を副代表幹事に選出したことは、同友会が目指す教授会自治の破壊の延長上に、この人物が唱える大学の職業訓練校化や大学からの文科系駆逐の構想が存在することを示唆している。ここにはもはや、かつての日本の財界エリートがもっていた学術や教養への敬意の片鱗すら感じられない。[15]

そして、以上のように政官財界から攻囲されてきた日本の大学の本格的なリストラは、敗戦後七十年間で最も国家主義的な性格をもつ安倍政権の登場によって、一気に工程表にのぼったのである。安倍政権の国家主義的性格については、沖縄の辺野古新基地建設や原発再稼動における地方自治の法慣行の軽視といった、暴力独占装置としての国家機能（マックス・ヴェーバー）の前景化が注目されているが、大学政策をめぐってもその国家主義的側面はじゅうぶん発揮されているといわねばならない。安倍政権は、自衛隊創設以降六十年にわたって歴代自民党政権が憲法解釈上不可能だとしてきた集団的自衛権を閣議決定で「解禁」し、大多数の憲法学者から違憲立法だと指摘された新安保法制を強行採決するなど、日本国憲法の何割かの条項を事実上の停止状態に追い込んでいるが、こうした憲法停止状態は「学問の自由」を保障した二三条にも及んでいるといえるだろう。

たしかに、現政権が進めている国立大学の整理統合や授業料値上げへの動きは、財政緊縮派がヘゲモニーをとった民主党政権後期を含む第二次安倍政権以前から、政官財界が準備してきたトレンドであり、たんに安倍政権のみの政策ではないことも、わたしたちは十分ふまえておかねばならない。[16]いっぽう、第二次安倍政権成立後の文科省の通知は、「ゼロ免」課程の廃止や旧教養部系部局の整理統合に加えて、国立大学の人文社会科学系部局の「廃止」を促すなど、従来とは異なるステージに至っている。野田政権期の二〇一二年から準備され安倍政権期の二〇一四年三月に確定した国立大学の「ミッションの再定義」では、人文科学・社会科学分野について、「既存組織における入学並びに進学・就職状況や長期的に減少する傾向にある一八歳人口動態も踏まえつつ、全学的な機能強化の観点から、定員規模・組織の在り方の見直しを積極的に推進」するとされていたが、文科系部局の「組織の廃止や社会的要請の高い分野への転換」までは明記されていなかった。つまり、国立大学のリストラや再編はかなり以前から準備されていたわけだが、それはかならずしも文科系に特化したものではなかったのである。

筆者は、国立大学文科系部局が教員養成系部局とともに不当なまでに標的としてクローズアップされた要因は、日本の新興エリートの一部に強く存在する反人文主義・反大学主義的な意識を背景としながら、官邸筋と財界筋が高等教育関係の各諮問会議の「有識者」メンバーにおかしな人物を入れすぎたことにあるとみている。また、学校教育法九三条の改定にあたって、教授会の必須審議事項から教員人事ばかりか教育内容・研究内容やカリキュラムまでをも一律除外してしまうことは、前章でもみたように学問の自由や大学の自治の根幹にかかわるので、中央教育審議会もこれには慎重であった。にもかかわらず自公政権が、財界筋の――特に文科系を中心とする一部有力私学の財界出身理事長らの――ロビイングもあって、教授会の必須審議事項からそれらを一律除外したのは、現政権や財界サイドからみた大学再編の〈本丸〉が――特に文科系の――教育内容・研究内容・カリキュラムであり、その〈外堀〉が教授会自治であったことを示していよう。

すなわち、二〇一四年に集中的にその結果が表面化した日本の大学に対する国家主義的な攻撃は、世界的に展開している高等教育機関への構造調整圧力とともに、グローバリズムや国家主義と癒着した日本社会の反人文主義・反大学主義的意識を背景にしている。そうした背景のもとで、教授会の権限を無力化することによって大学・部局のリストラを進めたい財務省の意志、教員人事ばかりか教育内容・研究内容やカリキュラムにおよぶ研究者の自己決定権を奪うことによって大学の教育・研究を自己の目的に従属させたい政府や財界の意志、そして大学政策の主導権を確保したい文科省の意志などが、重層的に絡まり合い、現状をもたらしているのである。

4 極右・レイシストからの大学攻撃の背景

いっぽう、二〇一四年に高まった民間極右からの大学や大学構成員に対するヘイトクライムやテロリズムは、二十一世紀に入って日本の民間人の間で急速に台頭した国家主義的なイデオロギーと、東アジア諸地域の住民・出身者に対するレイシズムを背景としている。

第一に、一九九〇年代の「河野談話」や「村山談話」など、米ソ冷戦収束後に日本国家が発した公的言説に対するバックラッシュとして広がった、日本の戦争責任や植民地支配責任を否認するイデオロギーである。特に安倍政権下では前述のように、日本軍「慰安婦」問題に関する一九八〇年代～九〇年代の『朝日新聞』の報道と、一九九三年に「慰安婦」制度への日本軍の公的関与を認めた「河野談話」に対して、右派系メディアや右派系政治家が組織的な攻撃を加えるようになった。

第二に、二〇〇二年の小泉純一郎首相の訪朝と北朝鮮特務機関による日本人拉致被害者の帰還を契機として日本社会に急速に浸透した反「朝鮮」レイシズム、またこれと連動しながら二〇〇〇年代後半から拡大した「嫌韓」「嫌中」レイシズムである。二〇一四年にヘイトクライムやテロリズムの標的にされた大学教員には、本人が外国籍であるか、外国籍の家族をもつひとが多く、しかもその大半が東アジア諸国籍である。

また、現在の日本の政権与党や与党寄りの政党が、こうした右派系メディアや民間レイシストの動向を事実上後押ししていることにもふれないわけにはいかない。立命館大事件では、自民党の片山さつき参議院議員が自身のインターネットのブログで金友子講師への攻撃に加担した。広大事件では、日本維新の会の中丸啓議員が衆議院内閣委員会で崔真碩准教授の授業内容を問題視し、国立大学の授業内容について文科省に説明を求めるという、学問の自由や大学の自治に対する明白な侵害行為をおこなった(17)。

ただし、このような激しい大学攻撃をもたらした国家主義やレイシズムを、一九九〇年代と二〇〇〇年代に歴史的起源をもつイデオロギーとみなすだけでは、その重要な歴史的基礎を見落としてしまうだろう。こうしたイデオロギーは第一に、「戦後七〇年」をかけて醸成されてきた人種主義的な国民意識に基礎づけられているといわねばならない。それは冷戦体制下の日本国家が——西側先進国では例外的に——敗戦・帝国崩壊に伴って旧外地籍の住民を国民から排除し、また併合地であった旧外地諸地域からの越境や移住さえ遮断しながら、極度に排外主義的な体制によって高度経済成長を達成したこととかかわっている。またこうしたイデオロギーは第二に、東アジアにおける日本の特権的地位の喪失に対する不安や剥奪感を背景にしているといえよう。多くの日本人はまだ、東アジア世界との歴史的関係性や同時代的関係性に向き合わずに特権的な経済発展を享受することができた、冷戦体制下の地位への郷愁《ノスタルジー》を捨てることができていない。

わたしたちは、「戦後七〇年」かけて醸成された〈冷戦ガラパゴス〉というべき歴史意識と空間意識の固着が、戦争責任・植民地支配責任の否認や「嫌朝」「嫌韓」「嫌中」レイシズムの歴史的基礎となり、ついに大学や大学構成員に対するテロリズムを常態化させる地点にまで到達したと捉えるべきである(18)。

5　大学への国家主義的攻撃がもたらすもの

以上のような大学への国家主義的攻撃は、大学の教育・研究とそれにかかわる諸領域にどのような影響をもたらそうとしているのだろうか。

第一に、国立大学における運営費交付金のさらなる削減や競争的補助金枠の増加、そして機能別分化は、教学組織の内部に取り返しのつかない疲弊とモラルハザードを蔓延させつつある。現在、国立大学の定常的経費の削減はすさまじい段階に入りつつあり、交付金が収入の過半を占める地方国立大学では、図書購入費や教員の研究費どころか、ゼミや実習・実験を運営するために不可欠な教育経費まで、捻出困難な部局が続出している。指導学生への教育にかかる最低限の費用を、教員がポケットマネーで補塡するという、信じがたい事態があちこちで起こっている。また、法人化以降の国立大学では、教員が外部資金の獲得・マネジメントや中期目標対策によって研究や教育の時間を圧迫されるという弊害が広がっているが、今後国立大学の三機能分類が本格化し、それに向けた「改革」の実施状況評価が運営費交付金の支給額に連動させられるようになれば、すでに「競争疲れ」「評価疲れ」に苦しめられてきた国立大学教職員の疲弊がますます深まることは間違いない。

さらに、法人化以降の国立大学では教職員とりわけ事務職員や教学支援スタッフの非正規雇用化が拡大し続けているが、機能別分化に向けて定常的経費である運営費交付金がさらに削減されれば、専任教員枠を含む教職員の非正規化がますます進行し、国立大学の職場におけるモラルハザードはとめどなく悪化するだろう。文科系や基礎科学系に関しては、すでに旧帝大クラスにまで大規模な専任教員削減――定年退職者枠の不補充――の波が襲いかかっている。いま日本で進行しつつある大学「改革」なるものは、そのかけ声とは裏腹に、大学とりわけ国立大学からの頭脳の流出を促進しているといわねばならない。

第二に、すでに政府・文科省の事実上の「政策」となってしまった地方国立大学における「ゼロ免」課程の廃止や、現在進行中の国立大学文科系学部・大学院のリストラは、大学の内部のみならず、地域社会に深刻な打撃を与えることが予想される。そもそも地方国立大学の教育系学部に設置されてきた「ゼロ免」課程は、教職課程の単なる付属物ではけっしてない。とりわけ、国立大学の文科系部局の構成が旧師範学校を系譜にもつ教育学部と旧高等商業学校などを系譜にもつ経済学部のみとなっている県においては、「ゼロ免」課程は事実上文学部系（哲学・歴史学・文学・社会学・心理学・地理学など）や法学部系（法律学・政治学など）の代替を果たしてきたのであって、その廃止は地域社会のなかの高等教育機関として著しい後退なのである。文科系部局や「ゼロ免」課程のリストラは、地方都市やその周辺の地域社会、そして地方の企業社会における知的・文化的貧困をもたらすことになるだろう。

また、地方国立大学のリストラや授業料の値上げは、大都市圏に立地する旧帝国大学などに進学できる経済資本――および受験勉強を促進する文化資本――を親から移転されない若者や、三大都市圏に立地する有力私立大学の文科系学部に進学できる経済資本を親から移転されない若者にとって、進路選択を大きく制約する結果をもたらす。高等教育へのアクセスに関して従来から不条理な機会不平等のもとに置かれてきた地方在住者の三大都市圏在住者に対する格差が、決定的に拡がってしまうことが予想される。

文科省高等教育局は二〇一五年九月になって日本学術会議幹事会に対し、「文部科学省は、人文社会科学系などの特定の学問分野を軽視したり、すぐに役立つ実学のみを重視していたりはしない」というコメントを示した。だが各国立大学はすでに、軒並み「自発的」に文科系部局の縮小または再編に向けて動いてしまっており、そのことを最もよく把握しているのは文科相・文科省にほかならない。そもそも第二次安倍政権発足以降、首相・文科相や産業競争力会議は大学の職業訓練校化や文科系リストラに向けてやる気満々だったわけであるから、大学構成員や野党勢力のみならず、――『讀賣』『産經』を除く――在京紙やブロック紙・地方紙の大半から批判され、これまで志向を同じくしていると考えていた日本経団連からまでやりすぎだという談話を出されて、高等教育局に尻ぬぐいさせる形で責任の所在を曖昧にしたとしか思われない。

第三に、学校教育法改定に伴う教授会の自治権の剥奪や、国立大学法人法改定による学長選考意向投票制度の無力化は、学長・理事長・理事会の暴走や独裁化に対する歯止めを喪失させることになる。大学のガバナンスを私企業に近づけるというのが政官財界の大義名分であるが、そもそも大学の自治は先に述べた特別な歴史的経緯のもとで保障されてきたわけであり、官庁や私企業と同じガバナンスを大学に求めること自体が誤りである。それどころか、いま日本の大学で進んでいるのは、まともな私企業よりはるかに極端なトップダウン化なのである。

日本の大学の意思決定システムは、教授会自治を軸とする審議権（国公立大学や大規模私立大学など）、もしくは建学の精神を体現する理事会の決定権（小規模私立大学など）を前提に形作られてきたため、株式公開企業の取締役会や株主総会に相当する、トップの独裁や暴走を抑止する強力な合議決定機関が設置されていない。たしかに各大学には教育研究評議会が設置されており、また経営協議会（法人化後の国立大学などの場合）あるいは理事会（私立大学などの場合）が存在しているが、多くの大学は内部規則において、これらの会議の招集権を学長や理事長に一任し、また学長や理事長に強力な決定権を与えている。教職員による学長や理事のリコール権を保障している大学は、ごく少数しかないはずである。一部の大規模私立大学ではまだ、教育・研究にかかわる事項については評議会にそれなりの権限をもたせているが、大多数の国公立大学と過半の私立大学の内部構造は、学長や理事長がいったん独裁化・暴走した場合、法的・制度的な歯止めをかけることが非常に難しいシステムになっているのである。

この問題が、早くも多くの大学で深刻な事態をもたらしている。すでに旧国立大学法人法のもとでも、たとえば山形大学、高知大学、北海道教育大学、福岡教育大学のように、学長選考会議が意向投票の結果を覆す事例が頻発してきた。たとえば北海道教育大学の事例は、トップの独裁化に対する歯止めの喪失がどのような結果をもたらすかを先鋭的に示している。同大においては、二〇〇七年に就任した本間謙二学長が、二〇一一年の改選時に教職員による意向投票で大敗したにもかかわらず、自らが任命した委員が過半数を占める学長選考会議によって再選され、さらに二〇一三年には例外規定を適用して意向投票さえ実施せずに再々選された。再々選された本間学長は二〇一四年十月、学長選考会議に諮って意向投票制度そのものを廃止してしまう。そして本間学長は二〇一五年一月、これまで同大の五つのキャンパス（函館・札幌・岩見沢・旭川・釧路）ごとに設置されていた校地教授会を廃止して一つに統合したうえで、統合後の教授会の権限をも大幅に制限すること、また各校地教授会の推薦に基づいて学長が任命していた副学長（キャンパス長）を学長による直選に変更することを宣言したのである。[19]

こうした教授会機能の停止がすでに法改定前の段階で進んでいる以上、今後は学長の暴走・独裁化に対して法的な歯止めをかけることは非常に困難であるといわざるをえない。いくつかの国立大学では新法施行後早々に、学長に任命された学長選考会議のメンバーらが教（職）員意向投票の廃止を決めた。マッチポンプそのものである。私立大学のなかにも、学校教育法の改定に合わせて内部規則を改定し、学長選挙を廃止して――新学校教育法さえ想定していない――理事会による直選に転換した大学が続出している。二〇一六年末現在、学長選挙の廃止は、かなり大規模な私立大学にまで及んでいる。さらに国立大学や大規模私立大学においても、学長や理事会の独裁化と比例して、明確なハラスメントや故意の研究不正行為とはとてもいえない教育上・研究上・校務上のケアレスミスによって、執行部の方針に従順でないとみなされた教員が懲戒解雇や停職などの重い処分を受ける事例が増えてきている。

第四に、何度も強調した点だが、二〇一五年四月に施行された新学校教育法は、学問の自由や大学の自治の〈本丸〉である研究活動や教育活動に対してさえ、学長や理事会が教員集団・教授会の意向を無視して変更や停止を指示できるという「法解釈」を可能にしてしまった。中～小規模な私立大学では、法改定に伴う内部規則変更によって、教育内容の詳細を理事会や学長が教員に一方的に指示できるという、信じがたいシステムに変えてしまったところもある。今後は各大学において、従来の学問分野《ディシプリン》に基づく人事・予算・カリキュラムの削減と、就職予備校化や知財生産企業化に向けた編成換えを、学長や理事会がトップダウンで教員集団に押しつけるような事例も発生するであろう。

第五に、前章でもふれた点であるが、以上四点の結果としての学生に対する甚大な影響である。政官財界の意を汲む教育内容やカリキュラムの押しつけは、教員側からみた研究・教育への影響という点でも深刻であるが、より決定的なのは、この国の大学生における自由と教養に壊滅的打撃を与えかねない点である。

すでにこの国の大学生のモラトリアム期間は、就職活動期間の長期化、低学年からの企業インターンシップ参加のプレッシャー、親や採用内定企業からの資格取得期待＝圧力によって、二十世紀の大学生では考えられなかったほど縮小してしまっている。また、二十世紀に比べて親の経済力がかなり落ち込んでいるため、アルバイト従事時間も長時間化している。ここに文科系部局のリストラや国立大学の授業料の値上げ、大学のさらなる就職予備校化が加わるならば、大学生が労働者予備軍としての情動から距離をとって、自由に学習・研究し、自由に思考し、自由な活動を展開する余地は、ほとんど壊滅してしまうことが予想される。

そして第六に、民間の国家主義者からの攻撃に対しては、被害者が属する大学側が、学問の自由や大学の自治よりも短期的なリスクマネジメントの発想を優先する対応をおこなうほど、ヘイトスピーチ・ヘイトクライムやテロリズムに対してこの国の大学全体が脆弱化するという悪循環がもたらされている。

たとえば既述の金友子講師へのヘイトスピーチに対して、立命館大学は二〇一四年一月十五日、ホームページに声明を掲載し、その言動に「問題がなかった」と認定したうえで、金講師が「誤解」を与えたことは「大学として不適切」であり「指導」をおこなったと発表した。さらに、「心からお詫び申し上げます」、「このようなことが再発しないように徹底してまいります」というコメントを添えている。いっぽうで大学側は、Twitterで虚偽に基づくヘイトスピーチを流した学生に対する調査や指導・処分を実施した形跡はない。金講師自身の記録によれば、この事件の対応を担った同大教学部メンバーは、謝罪を表明した背景として、文科省へ民間極右からの抗議メールが殺到していたことや、片山さつき議員など与党側から大学への圧力があったことを、「苦渋の顔で」認めたという[20]。

こうした対応は、教員および立命館大に対する極右・レイシストからの攻撃を緩和するという理由によって、「問題がなかった」教員に「指導」をおこなういっぽう、加害者である学生のヘイトスピーチについてはなんら「指導」を実施しないという、近視眼的なリスクマネジメント最優先の論理に基づいていたといわねばならない。その後同大は、学内外からの抗議を受けて右の声明をホームページから削除し、また大学全体としてヘイトスピーチ対策を模索しているようであるが、本件発生からすくなくとも数ケ月間の同大の対応は、民間極右や与党側からのヘイトスピーチに対して学問の自由や大学の自治を譲り渡すことに加担し、一大学レヴェルを超えた悪影響をもたらしたと評価されても仕方ないだろう。

また、帝塚山学院大学に対する爆破脅迫書簡到着の当日に辞表を提出した先述の清田治史氏については、北星学園大事件の植村隆氏とは異なり、二〇一五年八月の『朝日新聞』の検証記事において、記者時代の一九八〇年代前半に「吉田証言」に基づく記事を執筆し、結果的に誤報に加担したと認定されていた。だが、二〇一四年九月時点では清田氏は帝塚山学院大の専任教員であるから、大学の自治の原則によれば、その処遇については、同僚教員からなる――必要があれば外部の専門家を含む――関係委員会において専門的見地から慎重な検証が実施されたうえで、教授会・評議会を中心とした審議に基づいて判断されるべきであった。

清田氏と帝塚山学院大は本件では被害者の側であり、また大学側は脅迫と辞職は無関係であると発表しているが、清田氏の辞表提出と大学側の受理のスピードをみるならば、大学側がリスクマネジメントの論理を最優先したと受けとめられても仕方ないだろう。こうした対応は、テロリズムの手法を用いれば外部専門家や同僚教員のピアレヴューを経ることなく大学教員を辞職させることができるというメッセージを、大学側が極右勢力に対して発したことになり、清田氏と大学側の対応は大学の自治の原則に照らして不適切であったという評価は免れないだろう。

いまこの国では、大学における自由や教養が、教育・研究の両者にわたって、また教員・学生の両方にわたって、危機に瀕しているといわねばならない。

6 何をなすべきか

それでは、大学への攻撃が吹き荒れた二〇一四年という年を、この国の大学の墓標にしないために、わたしたちは何をなすべきなのだろうか。大きく三点にまとめて指摘しておきたい。

第一に、ひとつでも多くの大学が、国家統制への自発的従属を強める「改革」競争から降りられるだけ降りることである。すでに述べたように文科省は、国立大学に対してはもちろん公立大学・私立大学に対しても、競争的補助金枠を用いることで管理統制の主導権を確保しようとしている。象徴的な事例が、COE、教育GP、GCOEなどに続く文科省の競争的補助金枠「スーパーグローバル大学創成支援」(SGU)である。SGU補助金は、「「大学改革」と「国際化」を断行し、国際通用性、ひいては国際競争力の強化に取り組む大学の教育環境の整備支援を目的」にうたっており、「世界大学ランキングトップ一〇〇を目指す力のある、世界レベルの教育研究を行うトップ大学」を対象としている。「トップ一〇〇」を目指すことの是非はあえて横に置くとしても、留意すべきは選考基準自体に「ガバナンス改革」が入っていることである。SGUはその選考基準や採択後の中間評価に際して、従来のCOEやGCOEにも増して「ガバナンス改革」を重視しており、とりわけ研究内容・教育内容・カリキュラムにかかるトップダウン化と自由・自治の事実上の制限が、受給の前提になっている補助金である。

ところがSGUの補助金枠は採択校にさまざまな「改革」を要求しているにもかかわらず、各大学の収入規模に対して驚くほど少額である。旧帝大規模校を中心に採択されたSGUの「タイプA：トップ型」の受給額は年度単位四億円前後、「タイプB：グローバル化牽引型」では年度単位約一億七千万円前後で、受給期間は最大でも十年間にとどまっている。「タイプA」の金額は採択校の運営費交付金年度額のわずか〇・五～二パーセント程度であり、その他の歳入を含む各大学の年間収入総額に対しては、さらに微々たる金額でしかない。「タイプB」にいたっては、時限付の教育プロジェクトを一つか二つ立ち上げ任期制教員と支援スタッフをそれぞれ数名雇用すれば、ただちに枯渇してしまう程度の微々たる金額にすぎない。

だが文科省は、この微々たる金額によって大学に対する管理監督権を強化しようとしており、さらに大学のリストラや授業料の値上げを企図する財務省や、大学の教育研究内容の改変を企図する政府や財界も、補助金獲得をめぐる大学間の競争を大学に対する介入の契機にしようとしている。じっさい、SGUに採択された諸大学は現在、教育内容やカリキュラムから教員人事計画におよぶ変更に追われている。

SGUはすでに選考・採択手続きがおわってしまったが、まだ比較的余裕のある東大や京大こそ、今後はこのような類の「競争」から率先して降りることが肝要である。また私立大学に関していえば、筆者は正直なところ、まず財政的に比較的余裕のある三大都市圏の有力私学が、横並びの競争を強いるSGUなどの補助金はもちろんのこと、私学助成補助金をも受給拒否して政府・文科省の許認可から独立し、大学校になってでも教育・研究上の個性を打ち出したほうが、少子化のなかで受験生を集めるための「経営戦略」としても有効だと考えている。それが難しいとしても、各大学の学長や研究者出身の理事たちは、このような微々たる金額をめぐる横並びの競争への自発的従属から降りることこそが、学問の自由や大学の自治を守り、社会に向けて自校の特色を打ち出していくための、最も有効な方途であることに気づかねばならない。また、いわゆる上位校の一般教職員や院生・学生のなかに、こうした競争にある程度乗っていけば自分たちの研究・教育だけはなんとかなるかもしれないという考えが残っているのであれば、それは少なくとも文科系に関しては完全な幻想であるばかりか、この国の大学全体にとって有害な結果をもたらすといわねばならない。

ここでいっけん相反するようなことを述べるが、日本の文科系大学教員はいま、批判的な意味で〈ビジネスの論理〉を意識しておいたほうがよいだろう。たとえば大学より早期かつ劇的に少子化の影響を受けている教育産業の一部や、「ガバナンス改革」で大学教員に事務職員に準じるような人事考課を導入すれば金が儲かるコンサルタント業界のある部分は、大学をどのように市場として利用するか、いつも虎視眈々と狙っている。そうしたアクターにとって、いま進行中の教授会自治権の法的剥奪や、国家主義やグローバリズムと癒着した民間の反人文主義的・反大学主義的な雰囲気は、一種のビジネスチャンスにほかならない。それを商機とみなすのは個人や私企業の自由であるが、大学・研究者としてかれらの介入を認めるかどうかは別問題なのである。

筆者は、たとえば学生の語学学習の一部を大学が民間語学学校にアウトソースしたり、教員の教育・研究の実績に対して同領域や近接領域の専門家によるピアレヴューを導入したりすることに、全面的に反対しているわけではない――ただし、決定の主導権があくまで研究者の側にあり、結果として教育活動・研究活動を高めるかぎりにおいてであるが、後者の実績評価については、いまの日本の大学教員が抱える日常的な仕事量を考えれば、本格導入すると評価者側になった研究者のなかに過労死する者が出るであろう。しかしながら、金儲けや利益誘導のために「ステークホルダー」を称して大学理事会や執行部と結びつき、内部の意思決定手続きや人事評価にまで口を出してくるような勢力や、教育内容・カリキュラムの改変をもくろむような〈ビジネスの論理〉については、これを意識的に排除していかねば、大学の自治や学問の自由は完全に終わってしまう。いま日本の大学をめぐる主要な敵対線は、理念的な文科系擁護問題以上に、法的・制度的なガバナンス問題であることを、改めて強調しておきたい。

第二に、日本ではいま、言葉の精確な意味において、大学を拠点とする日本国憲法第二三条の〈護憲運動〉が求められている。手垢にまみれた〈護憲運動〉という表現をあえて使っておく。

先に述べたように、二〇一五年四月に下村文科相が各国立大学法人に対して入学式や卒業式での「日の丸」掲揚と「君が代」斉唱の実施を「要請」する方針を決定したが、この件はさすがに大学構成員の間で広く危機感を呼び起こし、「学問の自由を考える会」が結成され、抗議行動が広がった。いわゆる新安保法制の強行採決の過程で、現官邸・与党幹部は憲法学者をはじめとする研究者への敵対心を露わにしたが、学問の自由や大学の自治に対する現政権与党筋の――すくなくとも一部右派議員の――憎悪がいかに激しいか、まだまだ理解していない大学教員も多い。だが、やや遅きに失した感があるとはいえ、憲法二三条の破壊が、研究者・大学教員自身によって社会運動上の自覚的な課題として取り組まれるようになったことは、ひとつの前進といっていい。

憲法二三条は、百年以上におよぶ世界の研究者の闘争を背景としながら、日本の全体主義体制によって大学や学術が被った多大な犠牲への反省にたって書き込まれた条文である。だが敗戦から時が経ち、全体主義体制・総力戦体制の記憶が薄まるにつれ、学問の自由や大学の自治の歴史的・社会的な意義が多くの研究者に省みられなくなってきたことは、否定しがたい事実である。わたしたちはこのような危機的状況にいたってようやく、憲法二三条を〈護憲運動〉する意味がわかってきたといえよう。

日本の政官財界の少なくとも一定の部分は、憲法九条と同じく二三条をも、解釈改憲や違憲立法によって憲法停止状態に追い込もうとしている。筆者は今後、中堅・若手大学教員を中心に「憲法二三条の会」のような集団を作ったほうがよいのではないかと考えている。大学構成員とりわけ専任教員の立場にある者は、百年以上におよぶ研究者の闘争が多大な犠牲や裏切りのうえに勝ち取ってきた、学問の自由と教育・研究にかかわる自己決定・自主管理について認識を深め、これを護持し発展させていかねばならない。

また前述のように、国立大学で進行中の文科系学部・大学院のリストラは、三大都市圏在住の若者と地方在住の若者との格差をますます広げることになるだろう。だが、事態はもう少し複雑である。そもそも地方大学を含む国公立大学に進学できる学力は、親から相当程度の文化資本と経済資本の移転がなければ身につかない。その移転を受けられない若者は、なんらかの奨学金——という名のローン——を借りて学費が相対的に高額な私立大学に進学するのでなければ、大学進学をあきらめねばならない。ここには、学費が相対的に低額な国公立大学に進学可能な者たちと進学困難な者たちの間に、決定的な逆進的分配が存在しているのだ。

したがって、この国の大学構成員は、国立大学文科系部局のリストラを批判するに際して、単に若者の進路選択の制約を叫ぶだけでは、(国公立)大学に進学できない若者やその親たちの支持、したがって市民の多数の支持をえられないことを、ふまえておくべきである。学問の自由と大学の自治は、もはや地域市民の力を借りなければ守り抜けないものになっていることを、大学構成員は素直に認めなくてはならない。文科系部局のリストラ問題とは異なるが、本稿で言及した北星学園大事件に関しても、二〇一四年十月に植村隆氏をいったん雇い止めすると発表した大学側が同年十二月になって雇い止めを撤回したのは、学外から多数の地域市民や弁護士らの支援が起こったためである。この国の大学構成員は、わずかに残された自由と自治を学内で守る活動を展開するとともに、地域社会のなかで自由／自治空間《アジール》としての大学を護持し発展させるための論理を練り上げていく必要がある。

最後になるが第三に、この国の大学教員はいま、ポストフォーディズム期における〈自由であるための技法《リベラル・アーツ》〉と自由／自治空間《アジール》としての大学の意義をじゅうぶんに自覚し、教育・研究の場で発展させていく必要がある。近代国民国家の初等・中等教育機関としての学校は、一般に軍隊的秩序をモデルのひとつとしており、特に近代日本では学校・官庁・民間企業などあらゆる官僚制組織が軍隊的秩序の多大な影響下に作られてきた。それゆえ、一方で初等・中等教育機関と同様の官僚制組織としての側面をもちつつ、他方で非軍隊的な自由／自治空間《アジール》としての側面をもってきた大学は、依然として日本社会のなかで〈自由であるための技法《リベラル・アーツ》〉を育むことができる、数少ない重要な場であり続けている。筆者を含め大学教員に「学校嫌い」が多いのは、この国における非軍隊的空間としての大学の稀有な位置をふまえるならば、まったく不思議なことではない。逆に、橋下徹・元大阪市長の言動に象徴されるように、新興政治家や新興財界人の一部が大学教員や学問の自由、大学の自治に対して異様ともいえる敵意を示すのは、非軍隊的自由／自治空間《アジール》としての大学への憎悪に起因していると考えられる。

それでは、ポストフォーディズム期の大学が発展させるべき〈自由であるための技法《リベラル・アーツ》〉とは何か。二十一世紀に入って十五年間、日本の大学が就職予備校化していくなかで、特権的に恵まれた一部を除く大多数の学生たちは、「人材になれ」という圧力に日々取り囲まれながら、わずかに残されたモラトリアムをごんごん奪われ、国家や資本の論理に忠実であることを求められるようになっている。そして本章でみてきたように、いま日本の政官財界は、学問の自由と大学の自治を破壊することによって、この国の大学をリベラルアーツ・カレッジのような性格とは真逆の方向性――知財生産企業化と就職予備校化――に誘導しようとしている。

しかし、社会のなかでの自由や自治が過剰なまでに摩耗させられ抑圧されている日本にあっては、大学はこれだけ腐っても依然として、学生たちが労働者予備軍であることから距離をとって思考や行動の自由を育むことができる、数少ない場のひとつである。卒業後はグローバリズムの嵐のなかで生きていかざるをえない学生たちに、社会・歴史・文化・自然を批判的に捉え直し、他者とともに生きるセンスを高めてもらうこと――そうした〈自由であるための技法《リベラル・アーツ》〉こそ、かれらが将来、社会や組織の主流から置き去りにされたり排除されたりしたときに、個として思考し、他者とともに行動しながら、生き抜く力につながるはずである。そうした教育実践を、いまこそ大学と大学教員は担わねばならないのである。

本稿は、①をベースとしつつ、適宜②～④を参照して加筆修正をおこなったものである。

① 石原俊「満身創痍の大学と学問の自由の危機」（『社会文学』四二号、日本社会文学会

／不二出版、二〇一五年八月）

②石原俊「それでも守るべきは、大学の自治である」（『現代思想』四三巻一七号、青土社、二〇一五年十一月）

③石原俊「強まる国家統制と満身創痍の大学――自由と自治の危機のなかで何をすべきか」（講演採録、『図書新聞』二〇一五年六月二十七日号）

④石原俊「大学の自治と学問の自由は砦となりうるか」（『けーし風《かじ》』八三号、新沖縄フォーラム刊行会議、二〇一四年六月）

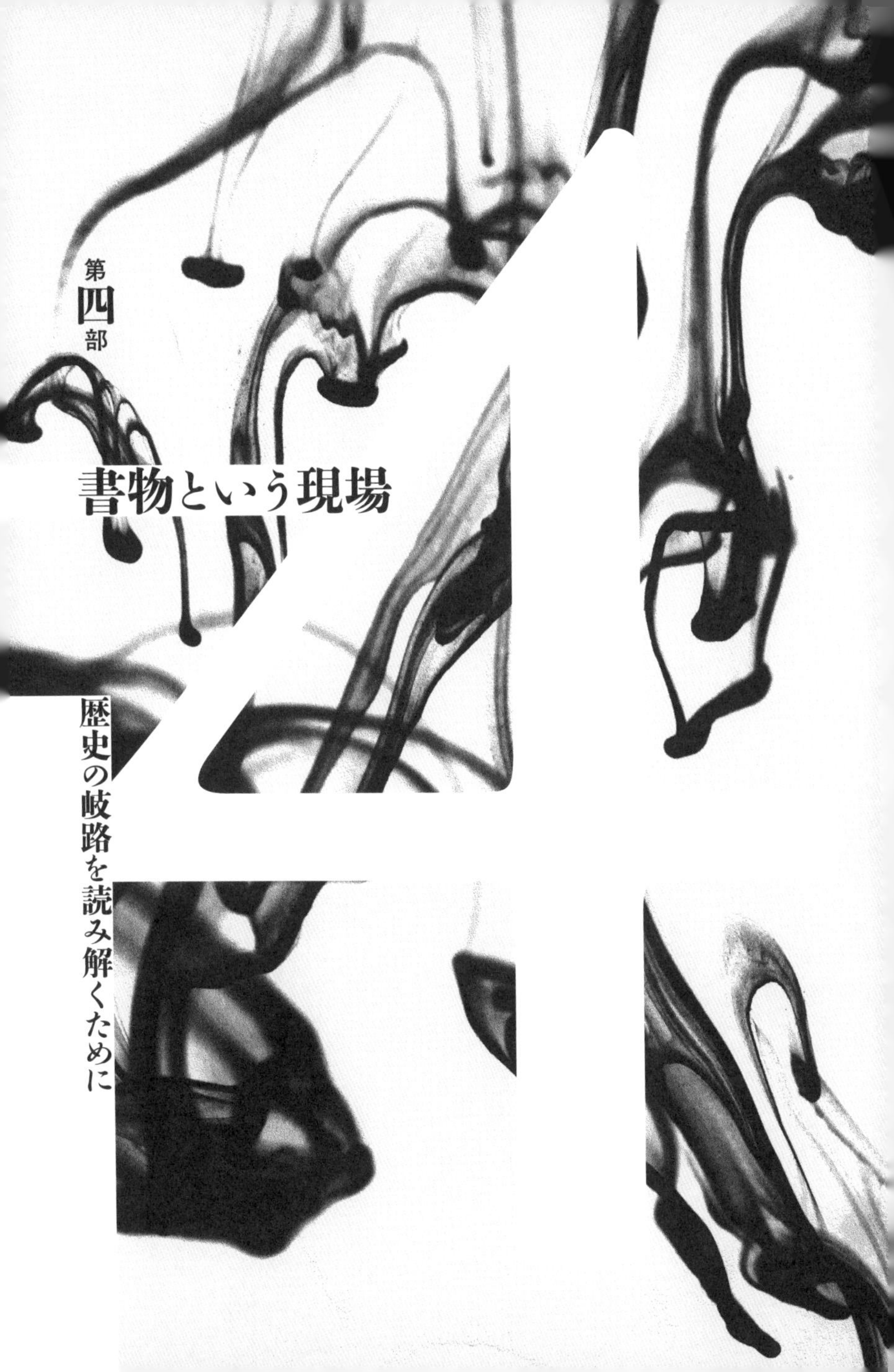

第四部

書物という現場

歴史の岐路を読み解くために

『奄美諸島の民俗文化誌』

下野敏見

民俗学に関心のある日本語使用者であれば、環東シナ海地域の比較民俗学に偉大な足跡を残してきた著者の名を知らぬ者はいるまい。本書は、一九六五年から半世紀をかけて奄美諸島の全集落をあるいてきた著者による、奄美民俗調査の集大成である。

二段組四百頁を超える叙述の随所に八百枚以上の写真を配した本書は、奄美諸島の芸能・信仰から生業・民具にいたるまで、民俗学の伝統的な対象のほぼ全体をカバーするモノグラフとなっている。まず、奄美諸島北部の各シマ（集落）で住民のほぼ全員が参加する八月踊りと呼ばれる集団舞踏、徳之島のシマジマに伝わるハマウリと呼ばれる集団手踊り、そして奄美諸島南部から沖縄島北部にかけてのシマジマにのみ分布する、稲の神を山から迎え海に送り出すためのシニグ祭りなど、芸能の諸形態が詳細に検討される。次に、中国・台湾・日本本土にかけて分布する船霊《ふなだま》信仰や媽祖《まそ》信仰に対して、奄美諸島・沖縄諸島に特有な、ノロなどの女神人が男性の航海の安全を祈るウナリガミ信仰の構造が解読され、また奄美諸島のアシャゲや沖縄諸島の神アサギといった、女神人が神酒を造り飲む聖屋の意味が説明される。さらに、奄美各島で発達した農具・竹製品・石敢當《いしがんとう》などの多様な民具や、サワラ漁やウミガメ猟といった豊かな伝統的生業が描かれる。

本書の圧巻は、奄美の各シマ（集落）の民俗文化の微細な差異や相互関係を徹底的に解読するとともに、沖縄諸島、トカラ列島、南九州などでの長年の調査経験から得た知見を活かして、奄美のシマジマの民俗文化を環東シナ海の視座さらには世界史的な視野から歴史化・空間化していく、著者の叙述のダイナミズムにある。

たとえば著者は、奄美各地における民具と沖縄や本土など他所の民具との差違を観察しながら、各シマにおける自然と労働の相互作用のなかから民具が発達してきた歴史過程を浮き彫りにする。著者は奄美諸島に現存する独特の打ち鍬の諸形態を分析しながら、各シマの住民が協働的鍛冶によって培ってきたサンゴ質の土壌条件に対応した鍬が、近代以降に九州から来住した鍛冶職人の手で模倣・再生産されてきたことを解き明かす。

あるいは著者は、各シマにおける芸能の形態の微細な差異や相互関係から、奄美諸島の芸能文化の個別性と世界性を透視する。著者は奄美のシマジマに伝わる八月踊りの舞踏・歌謡の地理的な差異と影響関係を徹底的に解剖しながら、近世薩摩の支配下におけるヤマト小歌の影響、そしてノロを利用して祭政一致の間接統治を敷いた中世琉球の支配下における琉歌の文脈、さらには西太平洋世界の新石器文化（オーストロネシア文化）のなかで奄美諸島に稲作が伝来して協働が始まり、集落の豊作を祝い願う集団舞踏が生成した水脈を、系譜学的に読み解いていく。そのダイナミックな解読作業は、読者に興奮をよびおこさずにはいないだろう。

本書は全体的に温和な文体から成り立っているが、ほぼ一箇所だけ、山折哲雄が一九九八年に提起した「民俗学の落日」に言及する箇所で、著者は「比較民俗学の視点」を強調しながら抵抗の激情を垣間見せる。本書は「比較民俗学の視点」について体系的な理論を提示しているわけではない。だが著者がいう「比較民俗学」の可能性とは、以上のようなミクロとマクロを往還するダイナミズムであるにちがいない。

本書の叙述内容は徹頭徹尾民俗学的であり、政治経済学的あるいは社会学的な素材への言及は可能なかぎり抑制されている。それでも本書を読む者は、中世琉球・近世薩摩・近代日本のなかで周辺化され続けながらも、環東シナ海・西太平洋の社会経済的交通の結節点として異種混淆的で自律的な生業と生活を培ってきた、奄美諸島の民俗文化の現状に対する、著者の非常な危機感を看取せずにはいられない。著者の仕事の集大成である本書のすべては、生業や生活との接点が薄まりつつあるシマジマの芸能文化を社会のなかに再び埋め込み、消滅の危機に瀕しているシマジマの信仰文化を保持し、散逸の危機にさらされるシマジマの民具を収集・保存していくための、未来のいとなみに賭けられている。

［下野敏見『奄美諸島の民俗文化誌』南方新社、二〇一三年］

『週刊読書人』二〇一四年四月二十五日号

『近代日本の地方統治と「島嶼」』

高江洲昌哉

近代日本において「内地」という語には、主に二種の用法がある。ひとつは法制史上の「内地」で、大日本帝国憲法施行後に憲法の直接適用領域を指す範疇として使われ始め、日清戦争後に日本軍が台湾島を征服すると、それ以前に日本国家が統治していた領域を指示するようになる。他方で「内地」という言葉は十九世紀から現在に至るまで、本州・四国・九州とその近辺の島々を表す俗称としても使われてきた。近年の日本社会ではようやく、前者の「内地」に含まれる北海道や沖縄が日本国家によって占領・征服された領域だという認識は広まってきたが、いまだに後者の意味での「内地」に関しては、それを〈植民地帝国以前の均質な本国〉とみなす歴史認識が支配的である。

そうしたなかで本書は、俗称としての「内地」における法体系が、地方統治の場で生じた諸問題に対応する過程で、当初から矛盾をはらみながら多元的かつ階層的に形成されていったことを浮き彫りにする。その矛盾の焦点こそ、本書のテーマである「島嶼」と呼ばれる例外的法域にほかならない。この「島嶼」は、一般名詞としての島嶼ではなく、法制上のカテゴリーとしての隠岐・対馬・奄美諸島・伊豆諸島・小笠原諸島の五地区を指している。

本書は「島嶼」における地方制度の展開を、中心から周辺への一方的適用といった視点でもなく、あるいは中心の周辺に対する単純な差別といった視点でもなく、統治現場－府県－中央政官界の間の〈立案－制定〉や〈報告－指示〉といった往還関係のなかで形作られ重ね書かれていく過程として捉える、重層的視角を持っている。また〈中心－周辺〉関係のみならず、ある周辺に対して導入された例外的措置が他の周辺に移植されていく、〈周辺－周辺〉連関にも目配りが行き届いている。そうした複眼的叙述が、本書を読む者に多面的な想像力を喚起させる。

「島嶼」という異法域は法制史的観点からみれば、一八七八年の郡区町村編制法に基づいて、郡役所ではなく島庁・島司体制が導入され官治性が強められたこと、一八八九年の勅令によって町村制の施行から除外されたこと、おおむねこの二点から定位できる。だが各「島嶼」の統治制度がたどった歴史過程は、実に複雑かつ多様である。

たとえば対馬では、一八八六年に島庁が設置され、日清戦争前後には島司に陸軍管轄下の対馬警備隊司令官が任用される。こうした集権的な制度形成の背景には、島内の経済開発・治安管理の論理と対外的な防衛（軍事）の論理が相互不可分に存在していた。

また奄美諸島でも島庁が設置され、一九〇八年に沖縄県及島嶼町村制――この制度は一般町村制の論理と各「島嶼」の統治状況との折衷から産まれた――が適用される。著者は、こうした統治制度の変遷と並行して奄美「独立経済」政策（鹿児島県からの地方税経済の分離）が進められていたこと、その背景には基幹産業の糖業の振興を軸とする開発構想が存在したことを明らかにする。

このように本書は、「島嶼」地方制度が、法制史的な次元を超えて、異法域の拡大を抑止する近代日本国家の建前と、統治現場の状況から提起される例外的措置の必要性との、いわば歴史的折衷の産物であることを解き明かす。そうした「島嶼」＝例外論は、「島嶼」の「人情風俗」が「内地」と異なるといった「民度」論によって正当化された。だが「民度」論は、「島嶼」という法域設定の恣意性・無根拠性を隠蔽するばかりか、画一的地方制度という近代日本国家の統治上の建前がそもそも無理をはらんでいた事実を不可視化し、国家の統治上の混乱の責任を「島嶼」の地域社会の側に押しつけていく言説であった。それゆえ著者は、例外としての「島嶼」とは、逆説的にも近代日本国家が中央集権的統治を貫徹するために「政治的に設定された地域」だと喝破するのである。

ただ、以上のような著者の重層的・複眼的な分析に感服しつつも、評者は著者の叙述傾向に対して一種の限界も感じなくはない。すなわち「島嶼」における制度形成過程が国民国家の地方性や周辺性の枠組みに還元され、国民国家の〈外部〉との関係性が「島嶼」の制度形成に与えたインパクトが捨象されてしまう危険性である。

たとえば小笠原諸島では、一八八〇年にきわめて官治性の高い東京府小笠原島出張所が設置され、これが同じく官治性の強い島庁に継承・再編されていく。評者も明らかにしたように、そうした制度形成過程の背後には、日本による併合以降も越境的・自律的な経済活動を展開していた「外国」出身の先住者——当時は「帰化人」と呼ばれていた——をめぐる状況を、集権的な出先機関の判断で一定程度黙認しつつ統御していくという、巧妙な統治戦略が存在していた（拙著『近代日本と小笠原諸島——移動民の島々と帝国』平凡社、二〇〇七年）。また著者は、世紀転換期の小笠原諸島において、「帰化人」の国民国家への包摂をも意識した「町村制」が施行寸前であった事実を重視しているが、本書ではその背景に関する十分な説明はなされていない。評者はこの「町村制」構想の背後に、東京府や島庁の路線変更によって寄港する「外国船」の乗組員の上陸が制限され、「帰化人」をめぐる越境的・自律的な実践が遮断されていくという、世紀転換期における島嶼社会の開放性・混淆性の管理強化が存在しているように思われる。すなわち「島嶼」という異法域や統治制度は、一般名詞としての島嶼社会に不可避的に埋め込まれている開放性や混淆性が、国家による統合や周辺化の力と——圧倒的に非対称でありながら——関係し合うなかで、形成され再編されてきたのではないだろうか。

だが、このような疑問への回答は、著者の今後の仕事によって果たされるにちがいない。小泉政権の「三位一体改革」以来進行中の緊縮主義的色彩の濃い「地方分権」路線は、日本という国民国家の編制を、地方統治の場から提起される「必要性」に応じて階層的に再編しようとしている。本書が切り拓いた系譜学的思考は、わたしたちが国民国家・日本の今後の行方をみすえるさいにも重要な手がかりとなるだろう。

［高江洲昌哉『近代日本の地方統治と「島嶼」』ゆまに書房、二〇〇九年］

『図書新聞』二〇一〇年十一月二十七日号

田中隆一

『満洲国と日本の帝国支配』

日本語、ハングル、中国語の膨大な史料や先行研究と格闘してきた著者は、本書において、満洲国の統治システムの編成過程と、満洲支配をめぐる日本帝国の法的連関とりわけ植民地朝鮮との関係を、当時の中国東北部の社会状況との関係を視野に入れながら、立体的に照らし出していく。

満洲国は対外的には主権国家として振る舞い続けたが、一度も成文憲法や立法機関を持たなかった。清朝復辟派や共和制論者は憲法制定運動を展開したが、日本人官吏によるコントロールを目論む関東軍側の圧力によって憲法制定を棚上げにしたまま帝制が導入され、結局満洲国では単行法規の場当たり的な積み重ねによる従属的・非民主的な統治システムが形作られた。

また満洲国では国籍法も成文化されなかった。その大きな要因は在満朝鮮人の存在にあった。一九三〇年代初頭の農業恐慌に際して、植民地朝鮮からも満洲への大規模な人口移動が起こった。満州国崩壊時には二三〇万人に達したという在満朝鮮人をめぐって、日本帝国・満洲国の法は軋みをみせる。「内鮮一体」という同化方針をとる朝鮮総督府はかれらを日本帝国の外地籍に留め置こうとしたが、「五族協和」という多民族主義を建前とする関東軍・満洲国当局はかれらの満洲国民化を推進しようとした。著者はこうした在満朝鮮人をめぐる日本帝国の内部矛盾に、台湾・朝鮮の併合にみられるような一九世紀型の公式帝国路線と、民族自決の名目で満洲国＝傀儡国家の樹立に向かうような第一次世界大戦後の非公式帝国路線との、葛藤が表れていると指摘する。

だが本書は、狭義の帝国法制史・政策史の範疇に収まるものではない。著者は果敢にも、帝国の法や政策と人びとの生の絡み合いを、正面から叙述しようと試みる。

著者は残された個人書簡などを手がかりに、日本帝国の重層的な法的編成に翻弄されながらなんとか生き抜こうとする朝鮮人ディアスポラの意識を浮き彫りにする。多くの朝鮮人が、満洲国の公式スローガンである「五族協和」に差別脱却と民族復興の希望を託して移住した。だが大半の人びとを待っていたのは、食糧難、就職難、低労賃、そして日常的差別であった。期待を裏切られたかれらの中には、朝鮮に帰還する人びとのほか、日本帝国の新たなフロンティアである華北占領地域や東南アジア諸地域に再移動する人びとも少なくなく、結果として朝鮮人のさらなる離散が進行していったのである。

その崩壊まで司法統一が実現しなかった日本帝国では、内地・外地・租借地・領事裁判権適用地など、異法域を司法的に結び合わせるため、共助法の整備、領事裁判上級審の近隣植民地当局（総督府など）への移管、領事館警察の充実といった、臨機応変な体系化が進行した。とりわけ満洲をめぐる日本帝国の法的連関は、筆者が説得的に論証するように、朝鮮人ディアスポラによる抗日運動の予防・鎮圧を意識して編成されたのであった。

帝国とは徹頭徹尾、〈動く人びと〉の生に対応しながら編成される、狡猾だがなし崩し的な法の接合体なのだ。こうした帝国の法的連鎖と人びとの生の絡み合いがもたらす軋みに眼を凝らすことで、一国史的記述によって不可視化されてきた、満洲をめぐる新たな経験の地層が浮かび上がるだろう。

著者自身も承知のように、残念ながら本書は、この軋みが帝国後の中国東北社会にいかなる状況をもたらしたのかについて正面から論じていない。だが本書の成果は、帝国・植民地主義や法について思考するすべての人が参照すべき一里塚となるだろう。

［田中隆一『満洲国と日本の帝国支配』有志舎、二〇〇七年］

『週刊読書人』二〇〇八年三月二十八日号

石井知章＋小林英夫＋米谷匡史編著『一九三〇年代のアジア社会論』

一九三〇年代後半、日本帝国がアジア各地を侵略・占領しながら総力戦体制を構築していく〈危機〉的な過程に胚胎したわずかな〈好機〉を捉え、日本／アジアにわたるトランスナショナルな社会変革によって帝国主義の克服を試みる、社会科学的な「集団的知性」が形成された。そうした「知性」は、実践的には近衛文麿のブレイン集団である昭和研究会に集った知識人たちが提起した「東亜協同体」論を焦点として、思想的には主にマルクス主義を軸として、多様な論者のネットワークのなかで展開していった。ベテランから若手まで十人の気鋭の著者による本書は、こうしたアジア社会論の展開を、テクストの読解にとどまらず、書き手たちがネットワーク化される拠点となった国策研究機関や社会調査機関をめぐる諸動向をもフォローすることによって、多角的に照らしだす。

まず、「東亜協同体」論の主流派の位置を占めた論者たちが批判的に検討される。日中の軍事的衝突を西欧産のナショナリズムの受容によるものとみなして、西欧産の論理を超克する「東洋的」な「国民協同体」を提唱し、近衛新体制の「東亜新秩序」論の理論的支柱となった政治学者・蠟山政道（平野敬和論文）、自らの「綜合社会学」の理論的体系に基づいて、日中のナショナリズムを「民族融合」に「綜合」することを唱えた社会学者・新明正道（道場親信論文）、中国の主権国家としての地位や民族資本の伸長を承認しつつも、日本を盟主とする〈植民地なき帝国主義〉というべき「経済的協同体」を構想した社会学者・加田哲二が参照される（石井知章論文）。また、西欧とは異なる「アジア的」な発展は相互扶助的な「共同型社会」に基礎づけられねばならず、より進歩した「共同型社会」をもつ日本が中国を「提携指導」すべきだと唱えた講座派マルクス主義法学者・平野義太郎が論じられる（盛田良治論文）。さらに、〈植民地なき帝国主義〉構想を東南アジアにまで延長して、敗戦後日本の対東南アジア政策の原器を作った植民政策学者・板垣與一にも議論は及ぶ（辛島理人論文）。かれらに共通するのは、敗戦後も研究者や論客として生きのびている点である。

これに対して、「東亜協同体」論に批判的介入を試みた論者たちが内在的に検討される。抗日ゲリラ戦をたたかう農民たちによって、下から「半封建性・半植民地性」が克服されつつある中国の社会革命状況を、日本の「銃後」にも波及させる構想をもち、いわゆるゾルゲ事件（一九四一年）で投獄・処刑された尾崎秀実が論じられる（米谷匡史論文）。獄中転向を表明して釈放された左派知識人たちを昭和研究会のもとに結集させて国策に関与させ、日本帝国主義を内破させるネットワークを日本／東アジアに作り上げようとした哲学者・三木清が参照されるとともに、尾崎や三木が主導する言説に「東亜協同体」論のヘゲモニーを取らせようとしたメディア工作者・船山信一のテクスト群が追跡される（大澤聡論文）。また、植民地朝鮮出身のマルクス主義農業経済学者・印貞植にとって、日本の知識人たちが中国のナショナリズムに直面するなかで打ち出した「東亜協同体」論は、帝国に組み込まれた朝鮮という存在の主体性が承認されるわずかな〈好機〉と捉えられた。この〈好機〉は印を、批判的介入と同時に転向へ導く回路としても機能したのであった（洪宗郁論文）。

そして、尾崎や三木らの中国認識や社会革命構想と深く関係をもった、巨大シンクタンク・満鉄調査部をめぐる「集団的知性」が重点的に扱われる。満洲国の経済政策立案にさいして、糧桟（地主兼商人兼高利貸）に支配され「半封建的・半植民地的」状況に置かれていた農民たちを解放すべく、農村共同体を基盤とした協同組合を育成する方針を打ち出し、満鉄調査部事件（一九四二年）で獄死した経済学者・大上末廣が参照される（小林英夫論文）。さらに、満洲国最北部の濱江省で貧農を糧桟から自律させるべく、実際に農村協同組合（合作社）運動を組織し、合作社事件（一九四一年）で獄死に追い込まれた活動家・佐藤大四郎の思想と実践が掘り起こされる（福井紳一論文）。

現在、日本の民主党政権をはじめ日中韓の政官財界——のすくなくとも一部——が東南アジアをも巻き込んで推進しようとしている「東アジア共同体」構想の目的は、端的に言ってグローバリズムに対応したFTA/EPAを軸とする広域自由貿易圏の整備にある。だが米谷も指摘するように、「そこに知識人や市民運動がさまざまな思惑で関与し、まさに「同床異夢」というべき奇妙な光景が現れている」。日本についていえば、政官財界のパワーエリートたちから、社会運動のトランスナショナルな連帯を目指す人びと、戦後補償に取り組むアクティヴィストまでが、このアジェンダのもとに「同床異夢」している。むろん、日本の植民地主義と戦争が東アジアにもたらした暴力に真摯に向き合おうとする人びとは、「東アジア共同体」構想がノンエリートの人びとにとって〈危機〉であろうことなど百も承知のうえで、このアジェンダを暴力のサヴァイヴァーの存命中におとずれた最後の〈好機〉と捉えているはずである。

ここで留意すべきは、この広域自由貿易圏としての「東アジア共同体」が、「市場原理主義」といった枠組みで画定できる抽象化可能な「経済システム」などではないことだ。現在進行中のグローバリズムは、近代以降の植民地主義・総力戦・冷戦が作り上げてきた政治的・経済的・社会的諸力の歴史的不平等を巧妙に利用しながら、商品市場・資本市場・労働市場の広域圏を整備していくプロジェクトである。ゆえに、グローバリズムによる広域圏の再定義を批判しつつ思想的・経験的内実をもった「東アジア」を獲得していく作業は、日本が主導した植民地主義と戦争、そして日本に〈植民地なき帝国主義〉を保障した冷戦秩序が、アジアにもたらしてきた歴史的諸力の輻輳への痛覚を、その起点とする以外にないのである。

本書が扱う一九三〇年代のアジア社会論が拓いた領野は、総力戦体制の動員形態を引き継ぎつつ「一国平和主義」に立てこもった敗戦後の日本社会のなかで、しばしば隠蔽・忘却されてきた。しかし、グローバリズムが席巻する今こそ、日本のアジア社会論が植民地主義的な諸力の輻輳に最も真剣に向きあった時代の断面を解析し、「東アジア」への痛覚の可能性と限界を厳密に見定めようとする本書は、読まれるべき歴史書のひとつといえるだろう。

［石井知章＋小林英夫＋米谷匡史編著『一九三〇年代のアジア社会論――「東亜協同体」論を中心とする言説空間の諸相』社会評論社、二〇一〇年］

『図書新聞』二〇一〇年七月十七日号

『抵抗の同時代史』

道場親信

本書は、論壇誌・学術誌・機関誌などに書かれた著者の近業を集めたものである。だが本書は一体のものとして、ある読者群に使い回されるべき書物になっている。それは、一人ひとりでは「弱く卑怯な人間」だが、現在進行中の国家の軍事化、社会のネオリベラル化、人間の孤立化、排外主義的世論の台頭といった事態に苦しさや疑問を感じ、もうすこしマシな社会のあり方や他者との「つながり」を得る手がかりを求めている、すべての人びとのことである。

一九九〇年代から世紀転換期にかけて、この国の思想/運動は、「構造改革」という名の緊縮主義や「民営化」という名の公共財の私有財産化のなし崩し的な進行に対して、有力な対抗軸を打ち出せなかった。いまや、「国家に抵抗するようなことは何もせず、要求もせず、一人ひとりばらばらに「自立」し、国家の業務を「自発的」に肩代わりするような人々を「市民」と呼ぶような倒錯した状況」が前景化し、「構造改革」の直接的被害者であるはずの多くの若年層が、孤立化・匿名化された形で排外主義的なナショナリズムに捕捉され、社会運動に対する侮蔑と排撃の尖兵になってしまっている。

これに対して著者は、戦後日本──より正確には冷戦期日本──における社会運動、特に反戦・反基地・反核運動のなかから、「「敗北」のさなかで具体的な効力をもつ抵抗となりえたさまざまな経験とその痕跡」を拾い集めることによって、軍事化・ネオリベラル化されゆく日本社会とは別様の社会に向けた想像力と連帯への手がかりを、現在時に呼び入れようとする。ここで著者がいう社会運動とは最も広義であり、明確な組織体の活動にとどまらず、サークル運動などゆるやかな連携に基づく集合的実践までをも含んでいる。

たとえば著者は、砂川闘争をめぐる諸力の交錯を慎重に解きほぐす作業を通して、一九五〇年代に高揚した日本本土の反基地運動の性格を再定位していく。著者は当時の反基地運動が、いわゆる反米ナショナリズムを基調としつつも、土地強制収用に対する農民たちのリージョナルな抵抗運動、厭戦意識に支えられたナショナルな反戦運動、グローバルな反核運動、これら三者の結節点となり得る開放的で重要な契機をはらんでいたことを浮き彫りにする。他方で当時の反基地運動は、日本国家による加害経験を閑却した一国主義的被害者意識に囚われていたため、沖縄や東アジア各地の反軍事化運動との越境的連帯を発展させ得なかったことも指摘される。

その反基地運動が一国主義的被害者意識を乗り越えて、大衆レヴェルで「アジア」への加害に対する自覚を獲得していくのは、一九六〇年代後半のベトナム戦争が契機であった。とりわけべ平連（ベトナムに平和を！ 市民連合）の運動を先導した小田実の思想が、「国家／国民のための尊い犠牲」といった靖国的な思考様式に対峙しつつ、戦争における加害経験と被害経験の絡まり合いの全的な把握に人びとの目を向けさせる、きわめて先鋭的な問題提起であったことを、著者は繰り返し確認する。

また著者は、戦没学生の遺族・友人や手記『きけ わだつみのこえ』の読者が集うサークル「わだつみ会」の活動の背後に、被害経験（殺されること）と加害経験（殺すこと）の錯綜のただなかに投げ出された戦場の人間の苦悩に対して深い想像力をかきたてられる、広範な読者層が存在したことを指摘する。この国の反戦思想／運動はたしかにある時期まで、そうした読書層を含む裾野の広さをもっていた。

本書は、戦後史のなかの豊かな集合的経験を潜り抜け、この軍事化とネオリベラル化が進行する社会のなかに想像／創造される、来るべきコミュニティと運動に差し出されているのである。

［道場親信『抵抗の同時代史──軍事化とネオリベラリズムに抗して』人文書院、二〇〇八年］
『週刊読書人』二〇〇八年九月十二日号

『叢書　戦争が生みだす社会』

荻野昌弘＋島村恭則＋難波功士編著

私事ながら評者は、二〇〇九年に設立された戦争社会学研究会の初期段階から二〇一四年まで運営委員としてかかわり、その中間成果報告でもある『戦争社会学の構想』の編者のひとりをつとめた（福間良明＋野上元＋蘭信三＋石原俊編著、勉誠出版、二〇一三年）。だが一介の歴史社会学者にすぎない評者は、けっして戦争社会学・軍事社会学のプロパーであるとはいえない。ただ、評者が戦争社会学研究会にかかわり、本叢書の書評を引き受けたのには、やや内在的な理由もないわけではない。評者の主要な研究対象である「南方諸島」（小笠原群島・硫黄列島など）は、現在の日本国内のなかでも「戦争が生みだした社会」の相貌が露骨に表れてきた領域である。戦間期に日本軍によって軍事化されたこれらの島々では、アジア太平洋戦争末期に住民が本土への移住または軍務動員を強いられた――特に硫黄島では凄惨な地上戦が遂行された。さらに日本の敗戦後、これらの島々は米軍の秘密基地として利用され、大多数の住民が長期難民生活を強いられたのである――硫黄列島にいたっては現在でも敗戦前の住民とその子孫の帰還が認められていない（拙著『〈群島〉の歴史社会学――小笠原諸島・硫黄島、日本・アメリカ、そして太平洋世界』弘文堂、二〇一三年）。

関西学院大学先端社会研究所の共同研究「戦争が生み出す社会」の成果である本叢書は、研究リーダーの荻野昌弘が宣言するように、戦争が社会を破壊するのみならず社会変動を基礎づけるという、戦争社会学のパイオニアのひとりロジェ・カイヨワの全体戦争論を正面から引き受けるアジェンダを掲げている。本叢書全体の総論「「戦争が生みだす社会」研究の課題」にて荻野は、従来の社会学が秩序の問題系に拘泥して暴力・戦争の問題系を周辺化してきたことを厳しく批判し、暴力・戦争によって境界・秩序が（再）設定されていく過程そのものに照準する必要性を繰り返し説く。

多数の非戦闘員を巻き込む総力戦となった二十世紀の戦争は第一に、戦場や軍事拠点となった領域を中心として、空間秩序や文化状況から個々人の記憶にいたるまで、社会の編成を根本的に変容させてきた（第Ⅰ巻『戦後社会の変動と記憶』）。第二に、総力戦の過程で生じる地上戦や軍事占領、境界の変動は、軍務動員・疎開・引揚げといった、かつてない大規模な人の移動をもたらした（第Ⅱ巻『引揚者の戦後』）。第三に、アジア太平洋戦争の結果としてヘゲモニー国家となった米国は、戦後世界を軍事的にコントロールするために、「ハード」「ソフト」両面から多様な介入をおこなってきた。「ハード」面では世界各地で軍事介入・占領を実施し、グローバルな米軍基地ネットワークを構築した点が、「ソフト」面では、基地ネットワークをも利用して文化的なアメリカナイゼーションを推進してきた点があげられる（第Ⅲ巻『米軍基地文化』）。

第Ⅰ巻『戦後社会の変動と記憶』（荻野昌弘編）は、アジア太平洋戦争を契機として人口構造や都市空間、集合的記憶や個人的記憶が編成されていく過程に、多様な角度から光をあてる。

石田淳「戦争と人口構造」は、アジア太平洋戦争による経済的破綻と敗戦、帝国の崩壊による引揚げが日本政府に人口抑制政策を促した結果、ベビーブーム世代に対して前後の高齢者層・子ども層が相対的に少ない人口構造が産み出され、その人口構造が勤労者層の福祉負担・扶養負担を軽減し、内需牽引型の高度経済成長を支えたことを指摘する。前田至剛「軍が生みだした地方都市」は三重県鈴鹿市を、今井信雄「敗戦国の都市空間を把握する」は主に群馬県域を事例として、アジア太平洋戦争期に拡大した日本軍の軍用地の存在が、敗戦後の都市空間・開発政策・産業構造を規定していく過程を跡づける。雪村まゆみ「戦争と文化の制度化」は、日本のアニメーション映画の生産・分業体制が戦時期に軍部の支援によって初めて本格的に組織化され、専門性の高い作画担当者であるアニメーターという職業が誕生したことが、アニメーターの厳しい労働条件に支えられる戦後日本のアニメーション産業の生産体制を規定していく局面を説得的に論じている。

池杢聡と中尾賀要子による「「在米被爆者の語り」から」は、日本から米国に移住しながらも恐慌やアジア人差別によって戦間期に帰日して被爆し、敗戦後の経済的荒廃のなかで再渡米した「在米被爆者」に焦点をあて、原爆投下を正当化する戦後米国の支配的イデオロギーのなかで、かれらが複雑な心情を抱えながら生き抜いてきたことを示す。武田丈「集団虐殺・レイプを受けたフィリピンの村のいま」は、日本占領下のフィリピンで日本軍による集団虐殺・集団レイプの犠牲になったマパニケ村のサヴァイヴァーたちが、写真とキャプションを使って体験を表現する「フォトボイス」と呼ばれる手法を使いながら、長年の沈黙を破って隣人や家族に記憶を語り始めていく過程を、武田自身の参与観察によって描き出している。李永祥「騰衝日中戦争遺跡・施設・メモリアルサイトと現代社会」は、日中戦争期に日本軍に占領され激戦地となった雲南省の騰衝《トンチョン》において、戦争遺跡が観光開発や愛国主義教育にどのように活用されてきたのかを概観する。

第Ⅱ巻『引揚者の戦後』（島村恭則編）のテーマは、短期間の事象としては世界史上最大規模の人間の移動現象であった、日本帝国の敗戦・崩壊に伴う外地・占領地などからの引揚げである。この巻は、狭義の引揚げそのものよりも、引揚者たちの戦後の生活経験・文化経験に照準した論考が大部分を占めている。

島村恭則「引揚者が生みだした社会空間と文化」は、現在の日本社会に根づいているさまざまな場所・制度・文化のルーツが、引揚者マーケット、引揚者住宅、引揚者の開拓地、引揚者援護事業、引揚者企業、引揚者の食文化など、引揚者をめぐる社会空間や生活文化にあることを、文字通り日本各地をあるきまわって掘り起こしていく。その圧倒的な厚みをもつ調査報告は、引揚者の住宅地や開拓地の多くが旧日本軍の軍用地であった事実や、引揚者マーケットという場所の異種混淆性やアジール性など、いまや忘却の淵にある空間の質感を回帰させる。稲葉寿郎「恩賜財団同胞援護会と土浦引揚寮」は、厚生省と協力して引揚者の生活支援を体系的に担った同胞援護会の活動を概観するとともに、引揚者の居住と授産とりわけシングルマザーに対する生活支援の展開を、茨城県の土浦引揚寮を事例に詳述している。

池田貴夫「引き揚げた人、残された人」は、南サハリン（南樺太）から引揚げた日本人、日本政府が適切な帰還措置をとらなかったために戦後も南サハリン在住を余儀なくされ冷戦後に韓国に帰還した朝鮮人、またかれらのうち冷戦後も韓国帰還を選ばなかった南サハリン残留者が、それぞれ樺太／サハリンという場所に対してどのようなアイデンティティをもっているのかを複眼的に論じている。舟山直治「神々の引揚げ」は、南千島（南クリル）からの引揚者たちが根室市に遷した祭神・祭祀が、神社や個人宅でどのように継承されてきたのかを詳述する。李建志「「ふるさと」へ帰れない引揚者」と齋藤由紀「歌がつなぐ過去といま」は、パラオからの引揚者の開拓地である宮崎県小林市環野地区と宮城県蔵王町北原尾地区を主な対象とする調査報告である。李は両地区（と種子島の原尾地区）で丹念な聞き取り調査を実施し、各開拓地いずれも周辺住民からの「ヒキアゲシャ」差別が存在するいっぽう、引揚者が話す「外地日本語」は標準語に近いことから差別を緩和する文化的資源にもなりえたこと、またパラオでの階級関係と差別意識が戦後開拓地のコミュニティに持ち込まれていることを示唆している。齋藤は両地区(とパラオに向かう「南洋航路」の寄港地であった小笠原群島)で伝わる歌を追跡し、パラオにかかわるほぼ同形の歌が伝承されていることを紹介する。

篠原徹「記憶の中の満洲引揚者家族の精神生活誌」は、敗戦・帝国崩壊直前に満洲国官吏の息子として出生し、シベリア抑留を逃れた父親とともに引揚げ、愛知県半田市の市営住宅で幼少期をすごし、後に高名な民俗学者となった著者自身のライフヒストリーである。篠原は自らの家族・一族が「近代の始めから移動民」であったと自称し、近代日本の多様な移動経験が農村定住から都市定住への移行という離村向都の物語に包摂されることに対して、静かな違和を表明している。辻輝之「戦後引揚げという〈方法〉」は、近年の移民研究における移動の連鎖性やアイデンティティの構築性への着目をふまえつつ、戦後日本の主流社会からの差別・排除に対してたえざる自己呈示を強いられながら生き抜いてきた引揚者たちの「エスニシティ」を、国際的な帰還移民研究の理論的文脈から再定位することを提唱する。両論考はライフヒストリーと理論的記述という対照的なスタイルであるが、引揚げという現象を時間的には近代全体の移動経験のなかに、空間的にはグローバルな移動経験のなかに措き直そうとする普遍志向性において、はからずも共通点を有している。

第Ⅲ巻『米軍基地文化』（難波功士編）は、アジア太平洋戦争後に米軍の軍事的拠点になった日本本土・沖縄・フィリピンにおいて、米軍基地の存在が地域社会のサブカルチャーや価値意識をどのように編成し、また基地の立地点を超えてポピュラーカルチャーにどのような影響を与えてきたのかを、詳細に跡づけている。

難波功士「偏在する基地／遍在するアメリカ」と太田省一「米軍キャンプ・アメリカ・歌謡曲」は、雑誌、小説、マンガ、音楽といった戦後日本のポピュラーカルチャーにおける占領と米軍基地の痕跡を拾い集める作業である。それらは、一九六〇年代以降の日本本土における米軍基地の整理縮小と沖縄などへの基地の偏在化の結果、軍事にかかわる質感を剥奪され、安全な／疎外されたコンテンツとして消費されてきたのである。大山昌彦「ロックンロールの場所」は、横浜や横須賀の米軍基地周辺で育まれたローカルなサブカルチャーが非主流系のロックンロールやファッションの拠点となっていく過程、またそれらが日本人ミュージシャンに利用されることで日本全国のノンエリート／ヤンキー文化として拡散していく過程を、活き活きと描きだす。木本玲一「地域社会における米軍基地の文化的な意味」は、福生と横須賀の米軍基地周辺で醸成されたサブカルチャーがどのように消費の対象となり、観光資源としていかに利用されてきたのかを検討する。岩佐将志「米軍駐留がフィリピンにもたらしたジャズ」は、米国による植民地支配とともにフィリピン社会に広まったジャズが、日本軍占領下での弾圧を経て、戦後は米軍基地ネットワークを利用しながら沖縄や日本本土に及ぶ影響力をもったことを指摘する。

福間良明「沖縄の本土復帰運動と戦争体験論の変容」は、対米講和条約における沖縄の切り離しと日本復帰運動の台頭、米軍基地が存置されたままの施政権返還に対する「反復帰論」の台頭といった、沖縄をめぐる各時点の問題状況のなかで、沖縄戦や戦争責任をめぐる歴史認識が再定義されていく過程を描いている。圓田浩二「「アメ女」のセクシュアリティ」は、米兵を恋愛対象とするために沖縄社会で「アメ女」と呼ばれている女性たちへのインタビューに基づいて、彼女らと米兵らの間に展開する複雑なセクシュアリティを検討している。熊本博之「米軍基地を受け入れる論理」は、一九五〇年代にキャンプ・シュワブをやむなく受け入れた名護市辺野古地区が基地と「共存」してきた歴史的経緯をふまえつつ、二十世紀末に新基地建設の標的となって以降、「反対」と「容認」の間で揺れ続ける同地区住民の価値意識の変容を分析する。地域社会が基地の受け入れに際して金銭交渉をするのは、当初から金銭を目的としているのではなく、金銭を条件にして交渉せざるを得ない局面まで追い込まれた結果であるという熊本の指摘は、わたしたちが共有すべき論点である。

以上のように本叢書は全三巻にわたる大部であるので、以下では全体を通読して評者が感じた本叢書の意義と課題について雑駁ながらコメントしたい。

まず本叢書の意義について。本叢書は第一に、現代日本社会において人びとが当たり前のように巻き込まれている生活文化や大衆文化が、アジア太平洋戦争、日本帝国の敗戦・崩壊、米国のヘゲモニー確立の過程で、その前線あるいは底辺を生き抜いた人びとの試行錯誤のなかから育まれてきた事実を、じつに多様な角度から照らし出す、すぐれて歴史社会学的な共同研究の成果となっている。たとえば第Ⅰ巻の雪村論文、第Ⅱ巻の島村論文、第Ⅲ巻の難波論文や大山論文などは、各領域の専門外の読者にとって感慨をともなう「発見」的知にあふれている。

第二に本叢書は共同研究の強みを活かして、アジア太平洋戦争という総力戦に伴って生じた社会変動を、現在の日本本土にとどまらない広範な視野で捉えていることである。その時間的射程は冷戦後の現在にまで及んでおり、その空間的射程も沖縄を含む日本帝国の旧勢力圏に及んでいる。

この点とかかわって第三に、本叢書の各論文・コラムは、国民国家・植民地帝国の中心から総力戦と戦後の社会変動を俯瞰してしまうような、既往の戦争研究がしばしば陥りがちなスタイルから距離をとって、むしろ周辺化されてきたノンエリートの人びとの側から総力戦と戦後の経験をひとつひとつ捉え直していく作業になっている。周辺化された人びとほど、戦争と植民地支配や軍事占領が連続的な位相において経験されるという、ポストコロニアルな問題意識も十分にふまえられている。第Ⅱ巻のテーマは全体にわたって引揚者という周辺化された人びとの経験を扱っており、第Ⅰ巻の池杢＝中尾論文や武田論文、第Ⅲ巻の岩佐論文や熊本論文なども、こうした観点に自覚的である。

次に本叢書全体を通読して看取された課題について。第一に、本叢書の研究の重心はアジア太平洋戦争期よりもその戦後期におかれているにもかかわらず、各論考の事例分析は、「総力戦体制」論を重要な参照軸とするいっぽうで、冷戦およびポスト冷戦という〈臨戦状態としての戦後〉に関して社会諸科学が蓄積してきた戦争論を――荻野の総論での言及を除けば――ほとんど視野に入れていない。日本帝国の支配下に置かれ、帝国崩壊後もポストコロニアル状況のただなかで冷戦や対テロ戦争の軍事的前線を引き受けざるをえなかった、沖縄を含む東アジア諸地域における〈臨戦状態としての戦後〉の経験を、「低強度戦争」論や「新しい戦争」論といった戦争理論の蓄積をふまえて思考する事例研究は、「戦争が生みだす社会」研究においてやはり不可欠ではないだろうか。

第二に本叢書は、戦争がもたらす社会変動を生活実践・文化・記憶・価値意識といった側面から厚く描き出している反面で、多数の論考のアプローチが文化社会学的・民俗学的な視角に限定されている感は否めない。荻野の総論が述べるように、本叢書の目的が戦争を契機に境界や秩序が設定されていく過程そのものを捉えることにあるのならば、戦争や占領を契機に発動されるマクロレヴェルでの法や制度の展開と、ミクロレヴェルでの人びとの移動・空間利用・生活実践・文化実践とのインターフェースに照準した議論が必要になってくるだろう。第Ⅱ巻の稲葉論文が例外的にそうした側面に言及しているが、第Ⅰ巻ではたとえば、軍用地の跡地開発や戦争遺跡の利用をめぐる国家・地方行政・企業体・地域住民の間の協力・結託や葛藤・軋轢の様相をもっと正面から描いてほしかったし、第Ⅲ巻でもたとえば、米国・米軍のマクロな対外文化政策の展開と米軍基地をめぐるミクロレヴェルのサブカルチャーとのインタフェースについて、大衆文化史や音楽文化史の枠を超えて取り組む論考がほしかった。

だが以上の課題は、戦争社会学にかかわるすべての研究者が今後深めていくべき論点でもある。本叢書は、日本のアカデミアのなかで歴史学や政治学に比べて大きく立ち遅れてきたことが否めない社会学的——および民俗学的——な戦争研究の一里塚になるだろう。アジア太平洋戦争の敗戦から七十年が経過し存命の戦争体験者が少なくなるいっぽう、グローバルな対テロ戦争に自衛隊を積極的に参画させようとする政治経済的な圧力が強まるいま、この国の社会学者は、暴力と戦争を根底的に思考するための基礎体力を、これまで以上に自覚的に養っていかねばならない。

［荻野昌弘＋島村恭則＋難波功士編著『叢書　戦争が生みだす社会』全三巻、新曜社、二〇一三〜二〇一四年］

『フォーラム現代社会学』一四号（関西社会学会、二〇一五年六月）

サマンサ・パワー

『集団人間破壊の時代』

ピュリッツァー賞を受賞した本書の著者は、若干二十歳代の一九九〇年代にジャーナリストとしてジェノサイドが生起した現場をわたりあるきながら、当時の米クリントン政権による人道的軍事介入をえるために奔走し、その後も民主党の安全保障政策に関与してきた人物である。著者は二〇一〇年現在、オバマ政権の上級政策顧問の職に就いている。

訳書の副題には「市民の役割」という言葉があてられており、大部の著作を日本語で広めようとする訳者の情熱がうかがわれるが、本書の原題は『地獄からの問い――アメリカとジェノサイドの時代』であることは銘記すべきだろう。すなわち本書の主題は、米国の政治エリートがジェノサイド抑止にどのような役割を果たしうるかという問いにである。圧倒的な軍事力（を背景とする政治力）を残虐行為の抑止のためにいかに「善用」できるのかという著者の熱烈な問いかけは、傲慢さと紙一重ではあるが、米国が軍事的超大国として存在するかぎり、具体的な検討課題であり続けている。だがこのこと、著者がジェノサイド抑止のために掲げる介入の指標の妥当性は、当然ながら別の次元の問題である。

本書全体の六分の一程度からなる第一部は、ジェノサイド（Genocide）という造語を掲げて国連のジェノサイド条約制定に奔走したR・レムキンの評伝を中心としている。残りの大部分を占める第二部では、カンボジア、イラク、ルワンダ、ボスニア、コソヴォにおける数々の残虐行為に言及しながら、ジェノサイドの可能性を前にした米国の政治エリートたちの発言や行動が批判的に検証されていく。

やや皮肉なことだが、著者が同時代的に直接関与していない冷戦体制下のジェノサイドに関しては、米国の態度に対する著者の評価はおおむね妥当だと思われる。米国が一九七〇年代、中ソ対立下の北京政府との関係を重視する企図とベトナムへの敵対政策から、民主カンプチア政権（ポル・ポト派）によるジェノサイドを座視したばかりか、同派が政権を追われた後も軍事支援し続けたことが批判される。また一九八〇年代、イラン革命政府への敵対政策と石油利権保持のために、クルド人に対する組織的な毒ガス攻撃を繰り返すイラクのフセイン政権を、米国が経済的・軍事的に支援し続けたことが指弾される。

しかしながら、冷戦体制の崩壊後、著者が直接コミットしたジェノサイドの評価については、首をかしげる叙述が少なくない。とりわけ著者はバルカン半島の状況に関しては、終始一貫して「セルビア人＝加害者」対「ムスリム人（ボスニア人）＝被害者」という欧米社会で人口に膾炙した観点から、セルビア人による残虐行為だけを選別的に叙述している。著者は、一九九五年に国連の「安全地帯」に指定されていたスレブレニツァで起きたボスニア人へのジェノサイドについても、クリントン政権がもっと早期に大規模な軍事介入とボスニア人武装組織への武器禁輸の解禁に踏み切っていれば、ジェノサイドは抑止されたはずだと主張する。

だが佐原徹哉が膨大な一次資料に基づいて実証したように、米国を含むNATO諸国からの軍事援助を受けたクロアチア人・ボスニア人勢力によってボスニア領内のセルビア人勢力が国際的に孤立させられているなかで、スレブレニツァのボスニア人武装組織が近隣のセルビア人に対して攻撃・拷問・殺害を繰り返したことが、かえってボスニア人に対するジェノサイドの実行を促してしまったのである。佐原によればさらに衝撃的なことに、旧ユーゴスラヴィアにおいて人びとを相互虐殺に駆り立てたのは、自民族への「ジェノサイドの脅威」を煽る政治エリートやメディアのメッセージであった（佐原徹哉『ボスニア内戦――グローバリゼーションとカオスの民族化』有志舎、二〇〇八年）。ほかならぬ「ジェノサイド」という言葉が、虐殺を抑止するどころか、むしろ虐殺へのドライヴとして機能してしまったのだ。

また著者はコソヴォにおける紛争に関しても、米国やNATOによる軍事介入は、セルビア人によるアルバニア人への「さらなるジェノサイドの抑止」の大義のもとに実行されたという立場で一貫している。しかし、直接的な軍事介入の理由とされたラチャク事件を「セルビア当局による組織的なジェノサイド」と認定した国連停戦監視団の見解に対しては、いくつもの決定的な疑義が提出されている。しかも米国は、CIAがアルカイーダ・ネットワークとの関係を指摘していたアルバニア系急進派組織のコソヴォ解放軍を軍事支援することによって、武力によるコソヴォの独立を促したばかりか、同軍による隣国マケドニアのアルバニア系居住地域への侵攻を黙認し、しかも「解放」後のコソヴォに中東への前線基地としても利用可能な米軍施設を建設したのである（スコット・タイラー、佐原徹哉訳『アメリカの正義の裏側――コソヴォ紛争その後』平凡社、二〇〇四年）。さらに著者自身も認めるように、コソヴォにおけるセルビア人の残虐行為は、空爆開始後にむしろ激化している。

著者がオバマ政権のブレインであり、共和党のリバタリアンよりはるかに軍事介入に積極的な民主党リベラル派に属する人道的介入主義者であることは、現在の日本で本書を読む際にもじゅうぶん留意すべき事実である。あまり知られていないことだが、日本の民主党は二〇〇九年の政権交代時のマニフェストにおいて、国連安保理の承認を得た集団的自衛権の行使を事実上容認していた。今後日本政府が日本国憲法第九条の解釈改憲によって自衛隊の海外派兵を拡大するさい、米民主党の政策立案に深くかかわる著者が掲げる「ジェノサイド抑止」の指標を、参考にする可能性はじゅうぶんある。その意味でも、本書の叙述が正典化《カノン》されることには警戒しなければならない。

［サマンサ・パワー『集団人間破壊の時代――平和維持活動の現実と市民の役割』星野尚美訳、ミネルヴァ書房、二〇一〇年］

『週刊読書人』二〇一〇年四月十六日号

小熊英二『私たちはいまどこにいるのか』

私たちはいまどこにいるのか？

本書の奥付に書かれた発行日は、奇しくも「二〇一一年三月一〇日」である。その翌日に起きた東日本大震災による福島第一原発のメルトダウンは、それまで原発の現場で働く少数の底辺労働者に偏って押しつけられてきた「人災」を一気に可視化させた。この「原発人災」は、次の意味において精確に歴史化されねばならない。一九五四年三月、米軍による水爆「ブラボー」の大気圏内爆発実験によって被爆した第五福竜丸乗組員の姿が、メディアを介して可視化されたのとまさに同じ月、中曽根康弘らによって国会に提案され、国内で盛り上がる反核運動を懐柔しながら進められてきた原子力発電という日本の国策が、誰の目もごまかせぬ破綻をきたしたという意味において。そして、この巨大公害の負荷を、「三・一一」後毎日のように政治家やマスメディアが連呼する「ニッポン共同体」のメンバーが平等に負担しているのではけっしてなく、日本国家によって狙い打ち的に〈原発依存型経済〉に骨絡みにされた海村の人びとが、それを集中的に押しつけられているという意味において――ここからわたしたちはただちに、〈基地依存型経済〉という語をも想起すべきである。

本書は、著者がこの十五年間に発表してきた日本社会に関する時評や講演から編まれたものである。具体的には、社会運動の変容、新保守主義の台頭、歴史認識・歴史教育をめぐる争い、沖縄をめぐる社会変動など、多様な問題が扱われているが、全体はほぼ一貫した視座を保持している。それは、著者がいう「高度成長期につくられ一九八〇年代まで機能した社会のあり方」、すなわち米国が主導する東アジアの冷戦秩序に便乗して形成され、民主党政権の失敗と「三・一一」によって最終的な終焉を迎えた、企業福祉と家族福祉と補助金に依存する疑似的な再分配体制（疑似福祉国家体制）が、一九九〇年代から二〇〇〇年代にかけて機能不全に陥っていく過程で、人びとの生がどのような困難のもとに置かれてきたのか、この困難のなかから「ポスト戦後の思想」はどのように模索されうるのかという視座である。

本書の元になった原稿の多くは、五〜十五年ほど前に書かれた時評であるが、その議論は「三・一一」を経た現在でも鋭い冴えを示している。

たとえば、本書に収録された歴史認識・歴史教育に関する文章の多くは、「新しい歴史教科書をつくる会」が歴史修正主義を掲げて大衆化し始めた日本の「草の根保守」運動の初期段階に書かれているが、周知のように近年の日本の新保守主義者は、外国人排斥や移民反対を掲げて街頭直接行動を展開するに至っている。だが、「草の根保守」運動の動員形態は、「「アンチ左派」で結びついているだけで」「思想的な核がない」」、「不安を抱えた人びとが群れ集うポピュリズム」であるという著者の評価は、依然としてまったく有効である。さらに、日本の新保守主義者の理想像が、本人たちの自意識に反して大日本帝国憲法下の日本社会に準拠しておらず、むしろ終身雇用男性賃労働者と専業主婦女性のペアからなる「近代家族」が最高比率を占めた高度経済成長直後の「一九七五年体制」への郷愁であるという見解も、今後の大衆意識の展開を考えるうえで示唆的である。

また、沖縄にかかわる文章群では、「沖縄の戦後体制」の機能不全が沖縄における歴史意識の多様化との関連において論じられる。周知のように、米軍占領下の沖縄に形成された〈基地依存型経済〉を施政権返還後に引き継いだ日本政府が、なおも沖縄に米軍基地を押しつけておくために作りあげた〈公共投資依存型経済〉というべき構造は、二十一世紀に入ると日本政府の緊縮主義的政策のもとで機能不全に陥ってしまった。著者はそうした「沖縄の戦後体制」の動揺をみすえながら、本書に収録された十年ほど前の講演ですでに、米国や日本が設定する政治経済的土俵からの「自立」への志向性が大衆的な賭け金となることを予測していた。この志向性が、米軍普天間飛行場の移転先をめぐって高揚した二〇〇〇年代末の運動のなかではっきりと大衆化したことは、著者の先見性を表しているといえよう。

むろんわたしたちは、状況の進行のなかで本書の議論をさらに発展させていく必要がある。

たとえば、前述した「草の根保守」運動における「アンチ左派」意識と「一九七五年体制」への郷愁との関係については、こんにちの新保守主義運動の展開をふまえて、より精緻な経験的・理論的把握が求められよう。手前味噌で恐縮だが、評者も近著で論じたように、「在日特権を許さない市民の会」（在特会）のような新保守主義的街頭行動は、冷戦秩序の前線を東アジア各地に押しつけることによって「単一民族国家」の「市民＝国民」が無意識に享受していた「豊かな社会」に対する人びとの郷愁にうったえかけながら、「日本」の「市民＝国民」を支配し搾取している（特に東アジアの）「外国人」「在日」「反日」の「非市民＝非国民」という虚象を作りあげ攻撃対象にするという、かなり巧妙な（反）ポストコロニアル的動員戦略をもっている。それゆえ、いっけん空虚で支離滅裂な在特会のアジェンダは、一定の大衆的支持を受けるのだと思われる（拙著『殺すこと／殺されることへの感度――二〇〇九年からみる日本社会のゆくえ』東信堂、二〇一〇年）。

また、本書において「沖縄の戦後体制」に関する諸問題は、主にアイデンティティや歴史認識にかかわる側面から言及されている。たしかに、近年の沖縄における〈公共投資依存型経済〉の崩壊は一方で、国家が設定した土俵からの人びとの「自立」意識を上昇させている。だが他方で忘れてはならないのは、その崩壊によって沖縄の人びとが、観光関連サービス業や本土の製造業などに振り向けられる非正規労働者の大群として、日本の経済社会の底辺に再配置されている現況である。

しかしながら、これらの点はけっして本書の瑕疵を意味していない。むしろわたしたちは今後深めるべき課題を見定めるためにも、まず本書を読み込むべきである。

著者が掲げる「ポスト戦後の思想」は、「ポスト三・一一」をもって本格的に始まったといえるかもしれない。ただしこの「ポスト」は、時期区分としての戦後の終焉以降ではなく、「ポストコロニアル」のそれと同義の〈取り返しがつかない形で継続する戦後〉として捉えられねばならない。善意に粉飾されたナショナリズムが圧倒的な被災格差を糊塗し、危機管理的な国家主義が「復興」の名のもとに人びとや地域の輻輳する経験を無化しつつあるいまこそ、わたしたちは本書の議論を有効に使い回すことが求められる。

〔『私たちはいまどこにいるのか　小熊英二時評集』毎日新聞社、二〇一一年〕

『図書新聞』二〇一一年六月十三日号

太田昌国『テレビに映らない世界を知る方法』

二〇一二年十二月の総選挙で、安倍晋三総裁の自民党と公明党が民主党から政権を奪い返し、絶対安定多数を確保した。「テレビに映る世界」は自民党の経済政策以外のアジェンダについて意図的かと疑うほど報道を怠ったが、民主党政権後期の菅・野田両内閣が進めた緊縮路線に対して、「アベノミクス」と名づけられた金融緩和を軸とする経済成長路線が大衆の支持を一定程度受けたことは、否定しがたい事実である。

緊縮路線の部分的凍結と金融緩和・積極財政を掲げる「アベノミクス」は、緊縮主義に批判的な西欧の新しい左派勢力の経済政策を〈横領〉して練られた経済政策である。他方で、現在の自民党は二十世紀型保守政党から大きく変質しており、特に安倍政権の国家主義的・歴史修正主義的なイデオロギーは、世界水準で比較するならば極右に分類されうる。下野中に自民党がまとめた日本国憲法の改憲案は、人権の不可侵を宣言した第一一条や九七条をまるごと削除し、逆に国家が「公共」の名のもとに人権制限を行う権限を堂々と書き込んでいる。

また周知のように、福島第一原発はメルトダウン後二年間、危険な状態のままである。「帰還困難区域」の住民は、いつ終わるかもわからない長期避難＝難民化を余儀なくさせられている。「居住制限区域」やその周辺地域からの住民の避難も長期化している。いっぽう二〇一二年夏には、民主党・野田政権による関西電力大飯原発再稼動に抗議する「首相官邸前金曜行動」の参加者が五〜十万人規模に達するという、一九六〇年の日米安保条約改定反対運動以来の状況が現出し、東京以外の各地でも数千人規模の反原発デモが日常化した。にもかかわらず、原発の維持・再稼動を掲げる自民党の圧勝は、脱原発政治勢力の分散状況にも助けられ、阻止されなかった。

世紀転換期以来、自民党政権が推進してきた「構造改革」による格差や矛盾の拡大への批判を背景として、二〇〇九年に政権を獲得した民主党は、米国・財界・官界・右派勢力などの圧力と党内抗争によって、「構造改革」路線の修正を掲げたマニフェストの大部分を自ら放棄しながら分裂し、二〇〇〇年代の自民党政権と同様の緊縮主義路線に回帰して結局敗北した――著者の慧眼は、政権交代前の二〇〇七年の参議院選挙で民主党が大勝した時点で、老獪な小沢一郎氏が米国の圧力で失脚させられる日を予感している。また民主党政権は、「五五年体制」下の自民党政権のほぼ一貫したスタンスであった家族政策における性差別主義、外国人政策における排外主義、安保政策における沖縄差別に対して、それらの微修正ともいえる選択的夫婦別姓制度の導入、永住外国人への地方参政権の付与、普天間飛行場「代替施設」の沖縄県内設置の変更さえ、まったくなしえなかった。

著者は以上のような政治過程を、まったく正当にも「社会革命なき政権交代」の無惨な末路であると断じている。いっぽうでまったく適切にも、この過程で「提起された諸問題」を「清算主義的に葬り去るべきでない性格のことがら」として精確に位置づけておこうとする。

前著『暴力批判論』(太田出版、二〇〇七年)以降の時評を集めた本書においても、著者は長年ラテンアメリカの文芸や社会運動の紹介に努めてきた編集者/文筆家として、また日本社会の極右化・軍事化にギリギリの抵抗線を引こうとしてきた発言者として、あくまで世界水準であろうとする。むろんそれは、エリートにとっての世界標準《グローバル・スタンダード》ではなく、日々をなんとか生きぬいている大多数の弱き人びとにとっての〈世界性〉である。すなわち「二〇一一・三・一一」から約半月後の論評で、福島第一原発において収束作業に従事する「下請け・孫請け企業の不定期労働者」にいち早く言及していた著者にとっての〈世界性〉である。

たとえば著者は、福島第一原発から放出された放射性物質を「無主物」であるとして補償責任の回避を図る東京電力の主張から、また米国のグローバリズムの中枢で高揚した占拠（occupy）運動のスローガンから、――逆説的なかたちで――植民地主義的グローバリゼーションの過程で先住民の土地の侵略を正当化してきた無主地／無主物先占（occupation）の法理を連想する。また、死刑廃止論者の民主党員の法務大臣が死刑執行を指示する日本国家の姿を、「二〇一一・九・一一」以降「テロリスト」や「海賊」と名指した人びとへの殺人を「合法的に」遂行し続けてきた先進諸国家の姿、そして原発事故への補償を縮減することで人びとを「合法的に」死に追いやっている日本国家自身の姿と重ね合わせる。

この五年間の日本社会に対する著者の診断を読むとき、わたしたちは改めて暗澹たる気持ちにならずにはいられない。敗戦に伴って他律的に帝国を解体され、七十年間植民地支配責任を否認し続けてきた結果、二十一世紀の世界で例外的に冷戦状況が継続している東アジアのなかでも、突出して自慰的な歴史意識が蔓延している日本社会について。そして、こうした状況を利用しながら、「北朝鮮」や「中国」への敵対心を煽る日本の政治家たち、日本列島での軍事拠点の維持・拡大を狙う米国の軍産複合体、ＴＰＰによって日本社会を新たな草狩り場にしようともくろむ米国政財界の動向について。

それでも著者は、この絶望的状況から〈世界〉を獲得する途を探ってもがき続ける。繰り返し参照されるのは、サパティスタ民族解放軍の蜂起などを契機として、米国が主導する植民地主義とグローバリズムに「否《ノン》」をつきつけつつ、先住民や女性の権利に基づく新しい自律・自治の社会モデルを作りあげてきた、ラテンアメリカの名もなき人びとの運動である。あるいは、現代の植民地主義とグローバリズムに対する一種の「絶望的な抵抗の表現であった」米国における「二〇一一・九・一一」の数日前に南アフリカで開催され、近代数百年の植民地主義とレイシズムを国連機関として初めて体系的に断罪した「ダーバン会議」である。そして、釧路に生まれた著者が「民族や植民地支配」に取り組むようになった原点ともいえるアイヌの友人知人たち、すなわち欧米の植民地主義の論理を模倣し無主地先占の法理を掲げた日本国家によって最初の侵略の対象とされ、日本社会のなかで一五〇年間不可視化されながらたたかい続けてきた人びとの存在である。

わたしたちの前途には無数の悪夢がつらなる。それでも、できることからひとつひとつ、身体を動かし、あるいは言葉をつむぎだしていかねばならない。本書はそのための〈世界〉をたぐりよせる道具箱である。

［太田昌国『テレビに映らない世界を知る方法』現代書館、二〇一三年］

『図書新聞』二〇一三年六月八日号

駒井洋監修＋小林真生編著『レイシズムと外国人嫌悪』

前田朗編著『なぜ、いまヘイト・スピーチなのか』

この国では二〇〇〇年代後半、「在日特権を許さない市民の会」（以下、在特会と略記）をはじめ極端なレイシズムを掲げる諸集団が台頭し、「朝鮮人」「韓国人」「中国人」そして「反日左翼」などと名指した人びとを標的にするヘイトスピーチ（差別を助長する暴力的発話）やヘイトクライム（差別的発話を伴った物理的暴力）を、街頭で組織的に展開するようになった。昨今ではこうした街頭行動に対するカウンターデモも本格化しているが、在特会などを培養したネット右翼は、二〇一二年に政権を奪還した自民党の支持勢力の一角を構成しており、在特会は現在の日本社会において、その構成員数をはるかに上回る影響力を維持している。『レイシズムと外国人嫌悪』（以下、小林編と略記）は、日本における外国人嫌悪の拡大やネット右翼台頭の背景を、中国や欧州の状況とも比較しつつ多角的に検討した啓発的な論集であり、『なぜ、いまヘイト・スピーチなのか』（前田編と略記）は、日本におけるヘイトスピーチの加害／被害状況や法的・制度的規制の方向性について論じた実践的な書物である。

敗戦によって帝国を他律的に解体された日本国家は、折から激化した東アジアの冷戦体制に便乗しながら、旧外地（朝鮮・台湾）出身者に植民地支配と戦時動員に関する謝罪や補償をおこなうこともなく、特に在日朝鮮人（韓国籍を含む）を外国人登録法と出入国管理法に基づく厳しい管理・監視の対象として扱い、かれらへの社会的差別を放任してきた。日本は一九九〇年代以降、「日系人」などを対象とする限定的な移民受け入れに転じたが、前田編の各論考が指摘するように、外国人差別に対する法的・制度的な無策ぶりは、先進諸国のなかでも際立っている。

ヘイトスピーチは歴史的に被差別側におかれてきた人びとを改めて侮蔑や排除の標的にするゆえに、被害者が受けるダメージも深刻である。前田編で中村一成が報告するように、二〇〇九年の在特会構成員らによる京都朝鮮第一初級学校への襲撃は、子どもたちを恐怖に陥れたばかりか、教職員や保護者など大人たちも、幼少期に日本人から受けた差別経験を想起させられ、さらに民事裁判の過程で被告（加害者）が反復する差別的言辞にさらされるなど、精神を幾重にも傷つけられ疲弊させられたのであった。

小林編、前田編の各論者がほぼ共有するのは、ヘイトスピーチに対する適切な法的規制と被害回復の必要性である。前田編で師岡康子は、日本の政治的・社会的状況をふまえた現実的なヘイトスピーチ規制の手順を法律家の観点から提起している。師岡は、日本政府が歴史的な外国人差別政策についてほとんど反省を示していない状況、また警察当局が反原発運動など街頭行動への不当弾圧を発動するいっぽうで、ヘイトスピーチについては加害者側をしばしば放置している現状をふまえ、ヘイトスピーチ規制を刑法条項と警察権で扱うことには慎重であるべきだとする。そしてまず、外国人の人権保障と差別禁止を定めた新たな基本法を制定し、ここに民事規制条項を組み入れ、独立性が担保された国内人権機関による規制運用に着手すべきだと提案する。

他方で小林編、前田編の各執筆者が共有するのは、日本社会のレイシズムをめぐる問題に対して、在特会などのヘイトスピーチへの法的規制やカウンターデモは一定の有効性をもつが万能ではないという認識である。小林編で岡本雅享や濱田国佑が論じるように、日本社会でヘイトスピーチを活性化させる契機を作ったのはネット右翼ではなく、統計上無根拠な「外国人による治安の悪化」を喧伝してきた行政機関やマスメディアであり、そして在日外国人に対するヘイトスピーチを確信犯的に反復し続けた石原慎太郎や、日本の植民地支配責任や戦争責任に言及する当事者・研究者・ジャーナリストを執拗に攻撃してきた安倍晋三ら、右翼政治家たちであった。

また在特会構成員やその共感者たちは、「朝鮮人」「韓国人」「中国人」「外国人」「沖縄人」「部落民」「反日左翼」といった勢力が日本社会の主流を形成しているという、一部ネット情報などに基づく妄想的な被害者意識によって攻撃対象を措定している。従来のレイシズムとやや異なるかれらの「下から見上げるような差別」（小林編における安田浩一の言葉）の情動に向き合わないかぎり、日本社会に蔓延してしまった〈ネトウヨ的なるもの〉は弱体化しないだろう。

したがってわたしたちはいま、二つの戦線を同時に必要としている。第一に、左派が反レイシズムをめぐって保守派の人びとの情動を積極的に組織化し極右政治家やネット右翼を攻囲していく、いわば人民戦線の構築である。第二に、ネット右翼の被害者意識が立脚している歴史的現在としての日本社会そのものの変革である。評者自身もたびたび指摘してきた点だが、ネット右翼や在特会構成員の被害者意識は、冷戦体制に便乗することで東アジア世界（在日朝鮮人を含む）との関係性を否認しながら異例ともいえる長期経済成長をを享受することができた、「戦後日本」の特権的地位の喪失に対する不安や剥奪感に立脚している。求められるのは、左派やリベラル派の情動とも無縁ではないこうした特権的地位への（無意識の）郷愁を不断に問い直しながら、日本社会に固着化されたレイシズムを解体していく言葉と実践であるだろう。

［駒井洋監修＋小林真生編著『レイシズムと外国人嫌悪』明石書店、二〇一三年］

［前田朗編著『なぜ、いまヘイト・スピーチなのか――差別、暴力、脅迫、迫害』三一書房、二〇一三年］

『週刊読書人』二〇一四年一月二十四日号

篠原雅武

『全-生活論』

日本社会にあっていま、原発をめぐるいくつものたたかいが同時に遂行されている。まずなにより、福島第一原発のメルトダウンによって棄民化させられた原発難民たちによる、異郷で生きぬくためのたたかいである。また、原発利権と核兵器開発能力を維持するために日本の政官財界が固守し続ける原子力体制とのたたかい、すなわち日本国内のあらゆる原発を再稼働させないためのたたかいであり、日本政財界がなおも固執する原発の輸出に対するたたかいである。さらに、現在も大気中に放射性物質を撒き散らし続けている福島第一原発や停止中・稼働中の原子炉において被曝労働に従事している/させられている人びとの、緩慢な死のリスクとのたたかいを、わたしたちは忘れるわけにはいかない。

このような福島第一原発のメルトダウン後に露わになったたたかいは、原発をその一部に組み込んだ日本の開発主義体制が、原発立地点における反公害闘争を含む街頭行動の記憶を忘却させながら人びとの間に蔓延させてきた消費主義的シニシズム——著者の言葉を借りれば「消費資本主義というシステムが絶対的に揺らぐことのないものだという信念に根ざす一種のイデオロギー」——とのたたかいを、否応なく伴わざるをえない。

本書のライトモチーフは、この数十年の日本社会を蝕んできた消費主義的シニシズムとのたたかいである。このシニシズムが日本社会にもたらしたものこそ、著者がいう「生活の失調」、すなわち児童虐待に表れるような生活の場の機能崩壊、養育者や介護者の社会からの放擲、これらと表裏一体に進行するかれらへの監視強化と厳罰化であった。このような遍在する生活世界の破壊と崩壊に抗するための思考をなんとか手繰り寄せるべく、著者は一九七〇年代に隆盛し一九八〇年代以降の消費主義的シニシズムの蔓延のなかで忘却されてきた、ふたつの運動／思想を参照する。ひとつはウーマンリヴの運動／思想とりわけ田中美津をめぐるそれであり、もうひとつは反公害の運動／思想とりわけ松下竜一をめぐるそれである。

著者が的確にまとめるように、ウーマンリヴとは、「男らしさ」のイデオロギーに支えられた「生産性の論理」のもとで「母」として生かされている女の痛みに内在しつつ、女を——そして男を——その生きにくさから解放するための運動／思想であった。その中心的活動家／理論家のひとりであった田中美津によれば、「生産性の論理」のもとでは女も男も痛みを日常的に感じないように生かされているが、この「生産性の論理」――いみじくも著者はこの論理を藤田省三の「安楽への全体主義」に重ねて理解する――にも限界領域がある。それが子育てという、養育者が否応なく「痛みの蓄積を引き受ける」場にほかならない。そして田中は、「生産性の論理」のもとで「母」として「誰にも出会えない体制」のもとに置かれ、子育てに伴うさまざまな痛みを背負わされている女たち――と男たち――が、互いに共有しえない痛みを抱えつつ出会い直す可能性に賭けた。著者は田中らが試みた共同養育の場である「子どもコレクティブ」の可能性と限界を見定めながら、田中の「出会いの空間」の思想に「生活の失調」を乗り越える途を垣間見るのである。

　東九州の小都市・中津に生涯住み続けた作家／活動家である松下竜一の運動／思想は、二〇一一年の原発のメルトダウンに帰結した日本の開発主義体制に抗する先駆的思考として、いま再び注目を集めている。周知のように家業の豆腐屋を廃業して記録作家に転じた松下は、九州電力がもくろむ火力発電所建設計画から豊前平野の住民の「いのちき」を守るための住民運動に身を投じ、開発主義エリートたちが唱える「支配者的思考」――それは田中美津のいう「生産性の論理」と同質ものである――から身を引き剥がして電力文化への埋没を拒否する「暗闇の思想」を提唱した。著者は「暗闇の思想」を、日本の原子力体制の完成者でもある田中角栄の日本列島改造計画に代表されるような、生活世界の大規模な破壊を伴う国内植民地主義的政策に対して、根源的に否をつきつける思想として召喚する——じっさいに松下は一九八〇年代以降、この国の原発建設計画に対抗する各地の住民運動の象徴的存在となっていく。

そして最後に著者は、ますます生活世界の破壊や崩壊が進行する現在にあって、非対称で非共約的な痛みを背負う人びとを出会わせ、相互に「抱え込む」ことによって、痛みをすこしでも解除しながら生活の場を再組織化していくような力を、李静和の言葉を援用しつつ——きわめて危うい表現であることを承知で——「母性」と表現するのである。

たしかに本書のなかには、荒削りゆえに——おそらく著者自身の意図にも反して——誤解を招きかねない議論も少なくない。評者は正直なところ、「消費資本主義」という概念は「母性」という語の確信犯的な使用とともに社会理論として危ういものを感じているが、紙幅の都合もあるのでそれは措いておき、ここでは一点だけ指摘しておきたい。

著者はまことに的確にも、現代の空間編成は、ショッピングモールやゲイテッドコミュニティのように資本によって徹底的に浄化・卓越化される領域と、シャッター街やスラムのような資本によって放擲・廃棄される領域に、グローバルな規模で二極化しており、両者が表裏一体で「荒廃」の途を歩んでいると論じる。ここで著者は、そうした事態に対する批判が、ネオリベラルな資本への包摂がもたらす「商品化」「私有化」に対する批判としてではなく、生活世界の植民地主義的な「破壊」「棄民化」に対する批判として遂行されねばならないとする。だが評者も以前論じたことだが、この四半世紀にグローバリズムが世界で進めてきたのは、（ポスト）植民地主義的状況や冷戦状況のなかで周辺化されてきた領域を巧妙に利用しながら、商品市場・労働市場・資本市場の草刈り場を開拓し、それが利用価値を失ったとみるや放擲・廃棄するというプロジェクトにほかならない（拙著『殺すこと／殺されることへの感度――二〇〇九年からみる日本社会のゆくえ』東信堂、二〇一〇年）。この論点をふまえるならば、「資本への対抗か、反植民地主義か」という本書の二元論的措定は、やや勇み足であるだろう。しかし、そうした勇み足は、（ポスト）コロニアルなグローバリズムのただなかにおける生の「荒廃」状況に抗するための社会科学理論の練成を喫緊の課題と考えている、著者の危機感の表明として受けとめるべきである。

わたしたちの原子力体制とのたたかいは、残念ながら長く続くだろう。それは世界の全原発廃炉と核兵器廃絶に向けたたたかいであると同時に、原子力体制と骨がらみになった開発主義と国内植民地主義を乗り越えて、新たな生活経済（生のエコノミー）の領域を創造するたたかいでもある。日本の開発主義は冷戦状況のなかで、核兵器保有能力の獲得と民需主導型の高度経済成長を両立させるために、米国の容認のもとで原子力体制を構築してきた。そのなかで自己形成を遂げたエリートたちは、この「転形期」のなかで自らの存在様式と思考様式がメルトダウンしつつあることへの無意識的恐怖とともに、今後ますますシニシズムを撒き散らし続けるだろう。評者は本書の細部に少なからぬ違和感をもつにもかかわらず、このシニシズムとの息の長いたたかいにおいて、本書が描きだした戦線は、決定的に新しい一線であると考える。

［篠原雅武『全－生活論──転形期の公共空間』以文社、二〇一二年］

『図書新聞』二〇一二年九月一日号

注

第二部　群島という現場

一、世界史のなかの小笠原群島

（1）筆者は一九九〇年代末より、小笠原群島が日本に併合される前からこの群島に住み着いていた人びととその子孫たちが、近代世界のなかでどのように生き抜いてきたのかを、文献資料調査やインタヴュー調査に基づいて研究してきた。その成果については、次の拙著を参照されたい。石原俊『近代日本と小笠原諸島——移動民の島々と帝国』（平凡社、二〇〇七年）。同『〈群島〉の歴史社会学——小笠原諸島・硫黄島、日本・アメリカ、そして太平洋世界』（弘文堂、二〇一三年）。

（2）小笠原群島に幕府の官吏として赴いたジョン万次郎のポジションには、近代日本の端緒を拓いたこの人物の二重性が最もよく表れている。すなわち、捕鯨船の水夫などとして世界中の海や島々をわたりあるいてきた移動民《ノマド》としての経験と、主権国家・日本における最初期の植民地官吏としての役割である。この点については、次の拙稿を参照。石原俊「移動民と文明国のはざまから――ジョン万次郎と船乗りの島々」(『思想』九九〇号、岩波書店、二〇〇六年)。

(3)「小笠原諸島」の世界遺産登録が正式決定される直前、筆者はTBSラジオ「ニュース探究ラジオDig」(二〇一一年六月二十一日の生放送、パーソナリティはジャーナリストの神保哲生氏とアナウンサーの竹内香苗氏)から出演依頼を受け、特集「世界自然遺産に登録される小笠原諸島、どんなところなんだろう」にて、小笠原群島の歴史や社会について一時間ほど集中的に発言する機会を与えられた。重要な企画を立てられた「Dig」関係者に筆者は心底敬意を表するものであるが、こうした試みは日本のマスメディアにおいて現在も少数派に属している。

(4) 一八七〇年前後に小笠原群島を拠点として「ブラックバーディング」に従事し、環/間太平洋世界の人びとに恐れられていたベンジャミン・ピーズという「海賊」については、次を参照。石原、前掲『〈群島〉の歴史社会学』、八五−八七頁。

(5) Spate, Osker H. K., *Paradise Found and Lost: The Pacific since Magellan Vol.III*, University of Minnesota Press, 1988, pp.118-231.

(6) Hohman, Elmo Paul, *The American Whaleman: A Study of Life and Labor in the Whaling Industry*, Augustus M. Kelley (repr.), [1928] 1972, pp.51-53, 300. 西野照太郎「カナカ(kanaka)」(太平洋学会編『太平洋諸島百科事典』原書房、一九八九年)、一一五頁。森田勝昭『鯨と捕鯨の文化史』(名古屋大学出版会、一九九四年)、一〇五頁、二六一頁。

(7) Horne, Gerald, *The White Pacific: U.S. Imperialism and Black Slavery in the South Seas after the Civil War*, University of Hawai'i Press, 2007, p.46.

(8) 石原、前掲『〈群島〉の歴史社会学』、二四−三三頁、三七−三八頁。

(9) むろん、島民の間に階級関係や収奪関係が存在しなかったわけではない。この点については次を参照。石原、前掲『近代日本と小笠原諸島』、一一九−一二四頁、一二八−一三五頁。

(10) 以上のプロセスの詳細については、石原、前掲『近代日本と小笠原諸島』の一、六、七章を参照。

(11) 父島・母島のほか、兄島・弟島・姉島・妹島・聟島・嫁島・姪島・向島・南鳥島の総数。ただし、硫黄島・北硫黄島を除く。主に次を典拠として作成した。東京府編『小笠原島総覧』（一九二九年）、一二六－一二七頁。東京都編『小笠原諸島に関する統計資料（明治四三年～昭和一六年）』（一九六九年）、四頁。

（12）東京府農林課編『八丈島及小笠原島自治産業概要』（一九二八年）、二五－二六頁、二九－三一頁。瀬川清子『村の女たち』（未來社、一九七〇年）、二七七頁、二八四頁。

（13）東京都、前掲『小笠原諸島に関する統計資料』、一〇－一一頁、二〇－二一頁。沖縄においても同様に、一九三〇年代に入ると農民層の一部が冬季の本土市場をターゲットとする蔬菜栽培へと生産の比重を移し始め、糖業モノカルチャーからの脱却が図られた。その結果、本土市場において、沖縄産と小笠原産のトマトの間に競合が生じたのである（戸邉秀明「一九三〇年代沖縄の産業振興と地域自立の課題——帝国内部での模索」、河西英通＋浪川健治＋スティール、M・ウィリアム編『ローカルヒストリーからグローバルヒストリーへ——多文化の歴史学と地域史』岩田書院、二〇〇五年、二二八－二三四頁）。

（14）小笠原海運株式会社編『小笠原航路前史』（一九九一年）、四八－五八頁。

（15）たとえば、次のような箇所である。原剛「小笠原諸島軍事関係史」（小笠原村教育委員会編『小笠原村戦跡調査報告書』二〇〇二年）、九－一八頁。

（16）東京都編『東京都戦災史』（明元社、［一九五三年］二〇〇五年）、二五二－二五九頁。小笠原諸島強制疎開から五〇年記録誌編纂委員会編『小笠原諸島強制疎開から五〇年記録誌』（小笠原諸島強制疎開から五〇年の集い実行委員会、一九九五年）、二五二－二五八頁。

（17）ロング、ダニエル「小笠原諸島欧米系島民のことばによる二〇世紀の島史——瀬堀エーブルさんのインタビュー」（ロング編『日本のもう一つの先住民の危機言語——小笠原諸島における欧米系島民の消滅の危機に瀕した日本語』科学研究費補助金成果報告書、二〇〇三年）、二一－二四頁。

（18）東京都総務局行政部地方課編『小笠原諸島概況』（一九六七年）、三九頁。

（19）Shepardson, Mary, "Pawns of Power: The Bonin Islanders", Fogelson, Raymond D. and Adams, Richad N. (ed.),

The Anthropology of Power: Ethnographic Studies from Asia Oceania, and the New World, Academic Press, 1977, pp.108-109.

（20）日米両帝国の力に翻弄され続けたジェフレーさんの生涯は、激動としか形容のしようがない。石原、前掲『近代日本と小笠原諸島』の九、一〇章を参照。

（21）東京都総務局行政部地方課、前掲『小笠原諸島概況』、三九頁。

（22）Pesce, Dorothy Richard, *United States Naval Administration of the Trust Territory of the Pacific Islands*, vol.2, United States Office of the Chief of Naval Operations, 1957, pp.99-107.

（23）防衛庁防衛研修所戦史室『戦史叢書：中部太平洋方面陸軍作戦 二――ペリリュー・アンガウル・硫黄島』（朝雲新聞社、一九六八年）、四二三頁。

（24）Pesce, *United States Naval Administration of the Trust Territory of the Pacific Islands*, vol.2, p.45.

（25）この点は、前述のジェフレー・グレーさんが、日本の敗戦後に武装解除のために入港してきた米海兵隊の幹部から異例ともいえる特別待遇を受けたことによっても裏づけられる（石原、前掲『近代日本と小笠原諸島』、三八五－三九七頁）。

（26）菊池虎彦「南方の門、小笠原島」（高城重吉＋菊池虎彦＋饒平名智太郎編『望郷――島民の風土記・手記』三光社、一九五七年）、一一〇－一一二頁。

（27）石井通則『小笠原諸島概史 その二――日米交渉を中心として』（小笠原協会、一九六八年）、一二九頁、一五〇－一五二頁。

（28）この点については、次を参照。宮里政玄『日米関係と沖縄 一九四五－一九七二』（岩波書店、二〇〇〇年）、五九－六〇頁。森宣雄「潜在主権と軍事占領――思想課題としての沖縄戦」（倉沢愛子＋杉原達＋成田龍一＋モーリス＝スズキ、テッサ＋油井大三郎＋吉田裕編『岩波講座 アジア・太平洋戦争 四――帝国の戦争経験』岩波書店、二〇〇六年）、二五六－二六〇頁。石原、前掲『〈群島〉の歴史社会学』、一四八－一四九頁。

（29）ノリス、ロバート＋アーキン、ウィリアム＋バー、ウィリアム「それらはどこにあったのか、日本はどれだけ知っていたか？」（豊田利幸監訳、『軍縮問題資料』二三四号、宇都宮軍縮研究室、二〇〇〇年)。

(30) 石原、前掲『近代日本と小笠原諸島』、四〇〇‐四一三頁。

(31) 石原、前掲『〈群島〉の歴史社会学』、一六五‐一六七頁。

(32) 屋嘉比収『沖縄戦、米軍占領史を学びなおす――記憶をいかに継承するか』(世織書房、二〇〇九年)、二二六‐二三一頁。

二、硫黄島、戦後零年

(1) 今般の訪島事業には、ごく少数ではあるが、北硫黄島に居住経験のあるひとも参加しており、精確には本稿全体にわたって硫黄島・北硫黄島(旧)島民などと表記すべきところであるが、以下では煩雑を回避するため、硫黄島民または硫黄島旧島民と略記する。

(2) 父島・母島とその周辺の島々からなる小笠原群島と硫黄列島は、現在はともに東京都小笠原村に属しており、行政上ではこれに西之島や南鳥島なども含めて「小笠原諸島」と称する。だが、小笠原群島と硫黄列島は地理的にかなり離れているだけでなく、後述のように歴史的経験についても相当程度異なっている。そのため本書では原則として、小笠原群島と硫黄列島を区別して使用する。

(3) 石原俊『近代日本と小笠原諸島――移動民の島々と帝国』(平凡社、二〇〇七年)。

(4) エルドリッヂ、ロバート『硫黄島と小笠原をめぐる日米関係』(南方新社、二〇〇八年)。

(5) 石田龍次郎「硫黄島」(『日本地理大系 四巻 関東篇』改造社、一九三〇年)。同「硫黄島の産業的進化――孤立環境に関する経済地理学的考察」(『地理学評論』六巻七号、日本地理学会、一九三〇年)。岩崎健吉「硫黄島の地誌学的研究」(三野与吉編『地理学者岩崎健吉――その生涯と学会活動』朝倉書店、[一九四四‐四五年]一九七三年)。

(6) 石原俊「そこに社会があった――硫黄島の地上戦と〈島民〉たち」(『未来心理』一五号、NTTドコモ・モバイル社会研究所、二〇〇九年)。同「小笠原‐硫黄島から日本を眺める――移動民から帝国臣民、そして難民へ」(『立命館言語文化研究』二三巻二号、立命館大学国際言語文化研究所、二〇一一年）。同「ディアスポラの島々と日本の「戦後」――小笠原・硫黄島の歴史的現在を考える」（『別冊 環』一九号、藤原書店、二〇一二年）。同『〈群島〉の歴史社会学――小笠原諸島・硫黄島、日本・アメリカ、そして太平洋世界』（弘文堂、二〇一三年）。「地上戦を生き延びた硫黄島民――唯一の証言者・須藤章さんのライフヒストリー」（『社会文学』四五号、日本社会文学会／不二出版、二〇一七年）。

（7）小笠原協会編『特集 小笠原』五九号（二〇一四年）。同『特集 小笠原』六〇号（二〇一五年）。

（8）夏井坂聡子著＋石原俊監修『硫黄島クロニクル――島民の運命《さだめ》』（全国硫黄島島民の会、二〇一六年）。

（9）石原、前掲『〈群島〉の歴史社会学』、一二四‐一二五頁。

（10）石原、前掲「そこに社会があった」。

（11）望月雅彦「玉置半右衛門と鳥島開拓――明治期邦人の南洋進出の視点から」（『南島史学』四〇号、南島史学会、一九九二年）、四三‐四六頁。

（12）主に次を典拠として作成した。都市調査会編『硫黄島関係既存資料等収集・整理調査報告書』（一九八二年）、一九頁。

（13）石田、前掲「硫黄島」、三八四頁。同「硫黄島の産業的進化」、五二四‐五三五頁。岩崎、前掲「硫黄島の地誌学的研究」、八七‐九九頁。

（14）都市調査会、前掲『硫黄島関係既存資料等収集・整理調査報告書』、一九頁。

（15）東京都総務局三多摩島しょ対策室小笠原復興課編『硫黄島基本調査報告書』（一九七五年）、二二頁。

（16）この小作争議を主導した瀧澤秀吉《ひできち》（後に浅沼秀吉に改姓）という人物は敗戦後、硫黄島の十六名の小作人が強制疎開から除外された原因が、拓殖会社である硫黄島産業株式会社の幹部による「偽徴用」にあったとして――この十六名は後に軍に正規徴用されている――、地上戦を生き延びた元小作人や戦死者の遺族を率いて、会社側とたたかい続けた。硫黄島史を象徴するこの人物については、次を参照。浅沼秀吉編『硫黄島――その知られざる犠牲の歴史』（硫黄島産業株

式会社被害者擁護連盟、一九六四年）。石原、前掲『〈群島〉の歴史社会学』、一一九－一二一頁、一四〇－一四二頁、一六五－一六七頁。

（17）東京都総務局三多摩島しょ対策室編『硫黄島問題の基本的方向について——その課題と提言』（一九七九年）、一二頁、二二－二四頁。

（18）石原、前掲『〈群島〉の歴史社会学』、一二三－一二六頁。

（19）東京都編『東京都戦災史』（明元社、［一九五三年］二〇〇五年）、二五二－二五九頁。

（20）そして日本国内に住む者は、日本の戦争指導者たちが降伏を引き延ばしたことが、現在の日本国内にとどまらない深刻な結果をもたらした点を、繰り返し銘記すべきである。たとえば、日本の降伏引き延ばしと、その帰結としてのソ連邦の参戦は、日本に併合されていた朝鮮半島が米ソに分断占領され分断独立する原因となり、さらには続く冷戦体制下において半島全体を凄惨な動員／難民化／虐殺に巻き込んだ朝鮮戦争の要因ともなったからである。

（21）東京都、前掲『東京都戦災史』、二五二－二五九頁。

（22）東京都総務局行政部地方課編『小笠原諸島概況』（一九六七年）、三九頁。

（23）この番組は取材班自身によって書籍化されている。NHK取材班編『硫黄島玉砕戦——生還者たちが語る真実』（NHK出版、二〇〇七年）。

（24）東京都総務局のデータは、地上戦開始時の残留者数を一〇三名、死者数を九三名としながら、島民の生存者数を「五名」と記載している（東京都総務局行政部地方課、前掲『小笠原諸島概況』、三九頁）。この明白な齟齬は、先の注（16）で言及した、硫黄島産業株式会社の業務で硫黄島に残留させられ後に正規徴用された十六名中五名の生存者——沖縄出身者二名を含む——を、生存者にも死者にも算入していないためである。また、同じく地上戦開始時の残留者数を一〇三名としながら、沖縄出身の生存者二名を「死者」の側に参入してしまい、生存者数を「八名」と書いている資料もある（小笠原諸島強制疎開から五〇年記録誌編纂委員会編『小笠原諸島強制疎開から五〇年記録誌』小笠原諸島強制疎開から五〇年の集い実行委員会、一九九五年、二五三－二五四頁）。硫黄島旧島民戦没者の碑に記載されている死者数は、古いほうの碑で「八一名」、新しいほ

う の碑で「八二名」であるが――小笠原村当局もさしあたりこの「八二名」を「旧島民戦没者」数とみなしている――、関連資料をあたったかぎりでは、ここには前記の硫黄島産業株式会社の業務で硫黄島に残留させられた十六名中十一名の死者が含まれていない可能性が高い。こうした指摘は島民関係諸団体と立場をやや異にする可能性があるが、筆者は以上のような混乱がミスリードをもたらす危険性を防ぐことが最優先事項であると考える。

(25) 随所で述べてきたことであるが、日本国内で「地上戦」という言葉を使うさいには、非常に慎重な文脈化が求められる。沖縄についてしばしば「住民を巻き込んだ唯一の地上戦」という言説が使われるが、この言説は硫黄島が「住民を巻き込んだもうひとつの地上戦」であったことを忘却させてしまう。さらに留意すべきは、「唯一の」「もうひとつの」といった言説自体が、現在の日本国の国境によって地上戦の歴史的経験を選別・分断する効果をもっていることである。アジア太平洋戦争に限っても、中国大陸や東南アジア、太平洋の島々で日本軍が遂行した戦闘は、まぎれもない地上戦であった(石原、前掲『〈群島〉の歴史社会学』、一四五-一四六頁)。

(26) 『父親たちの星条旗』は、六人の海兵隊員の地上戦の経験を徹底的にフラッシュバックとして描く巧妙な映像手法によって、近代戦における死の無意味さや兵士のトラウマ、総力戦国家の欺瞞などを、戦争映画としては稀有なまでにラディカルに描き出している。その反面でこの作品の映像手法は、兵士のフラッシュバックのなかで「醜い岩の塊」としての硫黄島のイメージを執拗に反復させることによって、人間の社会生活があった島の痕跡を、徹底的に排除してしまっている(石原、前掲「そこに社会があった」、二七-二九頁)。

(27) ノリス、ロバート+アーキン、ウィリアム+バー、ウィリアム「それらはどこにあったのか、日本はどれだけ知っていたか?」(豊田利幸監訳、『軍縮問題資料』二三四号、宇都宮軍縮研究室、二〇〇〇年)。真崎翔「米国の核戦略に組み込まれた小笠原諸島」(『同志社アメリカ研究』五〇号、同志社大学アメリカ研究所、二〇一四年)、四九-五四頁、五八-六〇頁。

(28) グアム島「解放」後の米軍による大規模な土地接収や基地依存経済の形成については、次を参照。長島怜央『アメリカとグアム――植民地主義、レイシズム、先住民』(有信堂高文社、二〇一五年）、八八‐一一二頁。また、戦間期における日本の南洋群島統治や戦時期グアムにおける日本占領軍の島民に対する虐待が、「解放」後の米軍統治下におけるグアム島・マリアナ諸島の社会にどのような葛藤・亀裂をもたらしたのかについては、次を参照。カマチョ、キース『戦禍を記念する――グアム・サイパンの歴史と記憶』（西村明＋町泰樹訳、岩波書店、二〇一六年）。マーシャル諸島における核被害と島々からの住民の退避や強制移住については、次を参照。竹峰誠一郎『マーシャル諸島――終わりなき核被害を生きる』（新泉社、二〇一五年）、一一四‐三六八頁。

（29）都市調査会、前掲『硫黄島関係既存資料等収集・整理調査報告書』、五六‐五八頁。

（30）真崎翔「日米関係における小笠原返還交渉の意義」（『小笠原研究』三九号、首都大学東京小笠原研究委員会）、一一‐一五頁、一九‐二〇頁、四二頁。真崎、前掲「米国の核戦略に組み込まれた小笠原諸島」、六四‐六五頁。ロランC基地への核兵器配備は計画にとどまり、実際に配備されることはなかったようである。

（31）小笠原協会編『特集 小笠原』四三号（一九九七年）、一二‐二〇頁。

（32）鈴木滋「在日米軍の夜間離着陸訓練（NLP）と基地移設問題――米軍再編の隠れた課題」（『レファレンス』六一巻二号、国立国会図書館、二〇一一年）。

第三部　大学という現場

一、大学の自治の何を守るのか

（1）大江健三郎「奇妙な仕事」（『大江健三郎小説 一――『芽むしり仔撃ち』と初期短編 I』新潮社、一九九六年）、九頁。

（2）大江健三郎「奇妙な仕事」（『大江健三郎自選短篇』岩波書店、二〇一四年）、一一‐一二頁。この重要な改訂についてご教示いただいた山本昭宏氏に謝意を表する。

（3）本稿では構成員を、正規および非正規雇用の教職員、院生を含む学生、その他の地位にある在籍者すべてを含む語彙として使用する。
（4）本稿におけるモラトリアムの用法は、村澤和多里＋山尾貴則＋村澤真保呂『ポストモラトリアム時代の若者たち――社会的排除を超えて』（世界思想社、二〇一二年）の議論から多大な示唆を受けている。同書は、モラトリアム概念がエリック・エリクソンの定義を離れてたんなる「社会に出ることを引き延ばしている猶予期間」として理解されるようになった経緯をふまえつつ、フォーディズム体制下で若者が「非有用性の時間」を享受しえた「古典的モラトリアム」が、ポストフォーディズム体制下で若者がつねに「有用性の時間」を生きることを強いられる「ポストモラトリアム」に移行する過程を跡づけていく。この移行過程は、大学の教育課程において、「人間形成」を目的に掲げた「一般教育」から「人材開発」を掲げる「キャリア教育」への移行と対応している（同書、七‐九頁、一五〇‐二二一頁）。
（5）田中秀佳「世界銀行・OECDの教育財政論の展開と新自由主義」（細井克彦＋石井拓児＋光本滋編『新自由主義大学改革――国際機関と各国の動向』東信堂、二〇一四年）、五一‐五八頁。なお、同書『新自由主義大学改革』は現在のところ、各国における近年の「大学改革」について、日本語で読めるものとしては最も網羅的な批判的比較研究の成果である。だが、この国の大学教員にまだまだ根強いシニシズムを鑑みるとき、こうした網羅的な研究成果が、構造調整にさらされる側の学習と連帯に活用されるよりも、まず大学に構造調整を要求する側の学習と統治に利用されるのではないかという危惧さえもたざるをえない。
（6）田畑博邦「「国立大学法人法案」批判――解体される「大学の自治」」（『世界』七一三号、岩波書店、二〇〇三年）、二二四‐二二六頁。
（7）成嶋隆「新自由主義と国立大学法人法」（前掲『新自由主義大学改革』）、二三一‐二三六頁。
（8）公立大学や後述する私立大学においても、一定程度同様の事態が進行している。
（9）韓国における大学のガバナンス「改革」においては、軍事政権に対する長い民主化運動の過程で獲得された総長直選制が攻撃の対象になった。民主化運動の一大拠点であった光州の全南大学総長が、総長直選制廃止の学則改正を発議するにあたって発表したコメントは、悲痛に満ちている（浅野かおる「グローバリゼーションと韓国の大学改革」前掲『新自由主義大学改革』一八八－二〇四頁）。二〇一五年八月には釜山大学総長が政府の圧力によって総長直選制の廃止を表明したのに抗議して、教授が学内の建物から投身自殺するという、衝撃的な事件が起こった。

（10）ただしすでに述べたように、政府・財務省と一部財界は地方国立大学の文科系部局・教員養成系部局の統廃合をも目指しているので、文科系の教育、小中高教員養成、文科系研究者の養成を、国立大学から大都市圏に立地する大規模私立大学に〈アウトソース〉する意図もあるかもしれない。

（11）村澤真保呂「ネオリベラル・アーツ化する大学教育と「教養」の未来」（『現代思想』三七巻一四号、青土社、二〇〇九年）、一五九－一六一頁。

（12）天野郁夫『新制大学の誕生――大衆高等教育への道　下』（名古屋大学出版会、二〇一六年）。

（13）吉田文『大学と教養教育――戦後日本における模索』（岩波書店、二〇一三年）、一－一五頁、二六八－二九四頁。ただし吉田が指摘するように、「リベラル・エデュケーション」が十七世紀ニューイングランドの植民地カレッジにおいて人格陶冶を目的として始まった教育体系であるのに対して、「一般教養」にあたる「ジェネラル・エデュケーション」は二十世紀に入ってから社会統合のために大学内に導入された教育体系であり、教養教育といっても両者は起源を異にしている（同書、一一－一二頁）。

（14）土持ゲーリー法一『戦後日本の高等教育改革政策』（玉川大学出版部、二〇〇六年）、一四六－二〇七頁。

（15）天野郁夫『高等教育の日本的構造』（玉川大学出版部、一九八六年）、一四五－一六七頁。

（16）岩永雅也「戦後高等教育政策とその政策理念――人的能力政策および私学政策を事例として」（『大学史研究』六号、大学史研究会、一九九〇年）、五八－六〇頁。

（17）吉見俊哉『大学とはなにか』（岩波書店、二〇一一年）、一九三－二〇四頁。

（18）春日直樹『〈遅れ〉の思考――ポスト近代を生きる』（東京大学出版会、二〇〇七年）、一一－九頁。

（19）この点については、次の拙著を参照。石原俊『殺すこと／殺されることへの感度――

二〇〇九年からみる日本社会のゆくえ』(東信堂、二〇一〇年)、iii－vii頁。

(20) 日本国憲法第二三条の「学問の自由」の法解釈については、従来はヴィルヘルム・フォン・フンボルトの大学理念である「研究と教育の一致」を制度的に保障するための大学人の特権であり、ドイツ連邦共和国のボン基本法が定める「学問の自由」の相似形とみなす学説が主流であった。だが近年有力な学説は、「学問の自由」を市民的自由の一環として位置づけたうえで、近代社会では多くの研究者が被用者とならざるをえない客観的条件をふまえて、研究者の研究・教育活動が雇用者や公権力の干渉・妨害を受けないために保障される権利とみなしている。また二三条と大学の自治の関係については、従来はフンボルト型の大学理念に基づく「学問の自由」の法的派生物《コロラリー》としての「制度的保障」とみなす憲法解釈が主流であったが、近年では研究者の研究内容、教育内容、思想・表現の自由に対する研究機関の管理権者からの干渉を排除するためであるとする「機能的保障」論も有力である(松井幸夫「学問の自由と大学の自治」『ジュリスト』一〇八九号、一九九六年)。ただし石川健治は、カール・シュミットの名のもとに日本で蓄積されてきた「制度的保障」論をめぐる憲法解釈や判例群が、実はシュミットの「組織体＝制度体保障」論に対する誤読に基づいていると指摘する。シュミットがいう「組織体＝制度体保障」論とは、ヴァイマール憲法の憲法制定権力＝主権的権力が妥協的にその内部に取り込んだ、地方自治、大学の自治、職業官僚制といった中間団体の特権保障に関する理論である。したがって、大学の自治を「組織体＝制度体保障」とみなすならば、それはドイツ型大学における大学の自治、すなわち大学教員が公務員でありながら教授内容と同僚の人事に関しては当局のあらゆる拘束から自由であるという特権を、憲法がそもそも制度として保障している――憲法が制度的に保障するのではなく――と捉えるべきである(石川健治『自由と特権の距離――カール・シュミット「制度体保障」論・再考[増補版]』日本評論社、[一九九九年]二〇〇七年、一一－一二頁、一一四－一六一頁、二一一－二四六頁)。石川はこうした「組織体＝制度体保障」としての大学の自治に関する議論は、シュミット憲法理論に対する誤読と相まって、敗戦後日本の憲法学説においてはエリート主義的であるとして忌避されてきたため、日本国憲法二三条が独立条項として成り立っている意義も、希釈化・空洞化を免れなかったと指摘する（同「制度的保障論批判――「大学」の国法上の身分を中心に」『現代思想』四三巻一七号、二〇一五年）。とはいえ、「機能的保障」論にたって、大学の経営については原則として教員集団の管轄から分離すべきだと主張する憲法学者の多くも、教員人事・管理職者選出・教育課程編成に関しては、二三条は教授会など教員集団の自治権を当然にも保障しているとみなしている（君塚正臣「国立大学法人と「大学の自治」」『横浜国際経済法学』横浜国立大学横浜国際経済法学会、一七巻三号、二〇〇九年）。二〇一五年に施行された新学校教育法は、憲法学の一般的見地からみて違憲立法に限りなく近いのである（松田浩「新法解説：大学の「自治」と「決定」――学校教育法及び国立大学法人法の一部を改正する法律」『法学教室』二月号、有斐閣、二〇一五年）。

（21）中山茂『帝国大学の誕生――国際比較の中での東大』（中央公論社、一九七八年）、三四三五頁。寺崎昌男『増補版 日本における大学自治制度の成立』（評論社、二〇〇〇年）、一一三―三四八頁。

（22）天野郁夫『大学の誕生 上――帝国大学の時代』（中央公論新社、二〇〇九年）、七一―八七頁、一四八―一六三頁、二七八―三一六頁。吉見、前掲『大学とはなにか』、一一〇―一一四頁、一五一―一六一頁。ただし官学と私学の歴史的関係も、非常に複雑である。帝国大学が設立された一八八〇年代半ばを境に、官学を頂点とするヒエラルキーの下位に私学が位置づけられるようになると、多くの私学は生き残りのために、その思想的・宗教的自律性を抑制し／させられて、国家に擦り寄っていったのである（寺崎昌男『大学は歴史の思想で変わる――FD・評価・私学』東信堂、二〇〇六年、三三二―三九九頁）。

（23）レディングス、ビル『廃墟のなかの大学』（青木健＋斎藤信平訳、法政大学出版局、二〇〇〇年）、一―二七頁、六〇―一一九頁。

二、満身創痍の大学と学問の自由の危機

（1）「教育学部、教職に特化――国立大 高齢化・国際関連は新設」（『日本経済新聞』二〇一五

年三月三十日朝刊）。「国立大、文系見直しを――ニーズ踏まえ廃止・転換促す　文科省通知」（『朝日新聞』二〇一五年六月九日朝刊）。

（2）「国旗・国歌　国立大に要請――文科省方針　指導の規定なし」（『毎日新聞』二〇一五年四月十一日朝刊）。

（3）中村睦男「国立大学の法人化と大学の自治」（『法学研究』二月号、北海学園大学法学会、二〇〇八年）。君塚正臣「国立大学法人と「大学の自治」」（『横浜国際経済法学』横浜国立大学横浜国際経済法学会、一七巻三号、二〇〇九年）。

（4）ただしカリキュラムという考え方は、専門職養成を目的としていた敗戦までの日本の高等教育機関においては主流ではなく、連合国軍占領下で米国の州立大学をモデルとした「一般教育」が新制大学に移植されるにおよんで一般化した（吉田文『大学と教養教育――戦後日本における模索』岩波書店、二〇一三年、一六頁）。

（5）松田浩「新法解説：大学の「自治」と「決定」――学校教育法及び国立大学法人法の一部を改正する法律」（『法学教室』二月号、有斐閣、二〇一五年）。

（6）金友子「ヘイトスピーチの「被害者」になること」（『インパクション』一九七号、インパクト出版会、二〇一四年）、一〇八－一一〇頁。

（7）崔真碩『朝鮮人はあなたに呼びかけている――ヘイトスピーチを越えて』（彩流社、二〇一四年）、二二一頁。

（8）同書、二二一－二二二頁。

（9）「大学に爆破脅迫文「朝日OB教授辞めろ」――即日退職」（『毎日新聞』二〇一四年九月三十日朝刊）。「元朝日記者教授の大学側に脅迫文――今月、退職／北星学園大でも」（『讀賣新聞』二〇一四年九月三十日夕刊）。

（10）植村隆「私は闘う――不当なバッシングには屈しない」（『世界』二月号、岩波書店、二〇一五年）。「慰安婦報道　元記者の家族も攻撃――ネットに子の写真や実名」（『朝日新聞』二〇一四年十月七日朝刊）。「北信越の男捜査へ――元朝日記者退職求め電話」（『毎日新聞』

二〇一四年十月二十三日朝刊）。
（11） 朝日新聞慰安婦問題取材班「慰安婦問題 どう伝えたか──読者の疑問に答えます」（『朝日新聞』二〇一四年八月五日朝刊）。この検証記事において清田氏は「執筆した大阪社会部の記者（66）」と一定の匿名化が施されているが、年齢から清田氏であることが容易に判別可能である。
（12） 同記事「慰安婦問題 どう伝えたか」。植村、前掲「私は闘う」。
（13） 田中秀佳「世界銀行・OECDの教育財政論の展開と新自由主義」（細井克彦＋石井拓児＋光本滋編『新自由主義大学改革──国際機関と各国の動向』東信堂、二〇一四年）。
（14） 同様の現象は多くの私立大学でも深刻化している。
（15） さらに驚くべきは、この人物を東京大学が「シニアアドバイザー」に、広島大学が「特別顧問」に招聘したことである。筆者には悪い冗談にしか思われない。
（16） 細井克彦「新自由主義と国立大学法人」（前掲『新自由主義大学改革』）。
（17） 崔、前掲『朝鮮人はあなたに呼びかけている』、二三一頁。
（18） こうした点については、次の拙著も参照。石原俊『殺すこと／殺されることへの感度──二〇〇九年からみる日本社会のゆくえ』（東信堂、二〇一〇年）。
（19）「道教大五教授会統合へ──新年度 改革の迅速化狙う／「学長に権限集中」教授反発」（『北海道新聞』二〇一五年二月十七日朝刊）。
（20） 金、前掲「ヘイトスピーチの「被害者」になること」、一一一─一一二頁。

石原　俊
ISHIHARA Shun

明治学院大学社会学部教員。

1974年、京都市生まれ。

京都大学大学院文学研究科（社会学専修）博士後期課程修了。

博士（文学）。千葉大学などを経て現職。

2015〜16年、カリフォルニア大学ロサンゼルス校客員研究員。

専門は、社会学・歴史社会学・島嶼社会論。

著書に、

『近代日本と小笠原諸島——移動民の島々と帝国』

（平凡社、2007年、第7回日本社会学会奨励賞受賞）、

『殺すこと／殺されることへの感度——2009年からみる日本社会のゆくえ』

（東信堂、2010年）、

『〈群島〉の歴史社会学——小笠原諸島・硫黄島、日本・アメリカ、そして太平洋世界』

（弘文堂、2013年）、

『戦争社会学の構想——制度・体験・メディア』

（共編、勉誠出版、2013年）

などがある。

群島と大学　冷戦ガラパゴスを超えて

二〇一七年三月二十一日初版第一刷印刷
二〇一七年三月三十一日初版第一刷発行

著者……石原 俊 ISHIHARA Shun

発行者……下平尾 直
発行所……株式会社 共和国 editorial republica co., ltd.
東京都東久留米市本町三-九-一-五〇三　郵便番号二〇三-〇〇五三
電話・ファクシミリ〇四二-四二〇-九九九七　郵便振替〇〇一二〇-八-三六〇一九六　http://www.ed-republica.com
印刷……精興社
ブックデザイン……宗利淳一
DTP……木村暢恵

本書の内容およびデザイン等へのご意見やご感想は、以下のメールアドレスまでお願いいたします。

naovalis@gmail.com

ISBN978-4-907986-34-6　C0030